和经济学家聊成长

勤学与好问

李毅 周紫译 编著

展示古今中外经济学家风采
启迪青少年树立远大志向

西南财经大学出版社

中国·成都

图书在版编目(CIP)数据

和经济学家聊成长:勤学与好问/李毅,周紫译编著.--成都:
西南财经大学出版社,2025.5. --ISBN 978-7-5504-6741-5

Ⅰ. K815.31-49

中国国家版本馆 CIP 数据核字第 20251W1C40 号

和经济学家聊成长:勤学与好问
HE JINGJIXUEJIA LIAO CHENGZHANG:QINXUE YU HAOWEN

李　毅　周紫译　编著

总　策　划:李玉斗
策划编辑:周晓琬　陈进栩　何春梅
责任编辑:邓嘉玲
助理编辑:陈进栩
责任校对:李思嘉
封面设计:星柏传媒　张姗姗
责任印制:朱曼丽

出版发行	西南财经大学出版社(四川省成都市光华村街 55 号)
网　　址	http://cbs.swufe.edu.cn
电子邮件	bookcj@swufe.edu.cn
邮政编码	610074
电　　话	028-87353785
照　　排	四川胜翔数码印务设计有限公司
印　　刷	四川五洲彩印有限责任公司
成品尺寸	148 mm×210 mm
印　　张	7.375
字　　数	141 千字
版　　次	2025 年 5 月第 1 版
印　　次	2025 年 5 月第 1 次印刷
书　　号	ISBN 978-7-5504-6741-5
定　　价	35.00 元

前　言

亲爱的青少年朋友们：

2014 年 5 月 4 日，习近平总书记在北京大学考察时强调：“广大青年要从现在做起，从自己做起，勤学、修德、明辨、笃实，使社会主义核心价值观成为自己的基本遵循，并身体力行大力将其推广到全社会去。”

青少年时期是学习的黄金期，青少年尤其要勤奋学习。不学习就会落伍，就会被时代淘汰。除了要勤学，还要会学，会学的方式之一就是好问。孔子曰：“敏而好学，不耻下问，是以谓之‘文’也。”在求知的道路上，你们既要勤奋学习，又要勇于提问，二者相辅相成，方能成就一番学问。

本书将向你们介绍一系列中外闻名的经济学家。他们都是勤于学习、善于学习的典范。正是他们的勤学与好问，帮助他们成为杰出的经济学家，同时为国家、为民族作出重大贡献。比如，在书中你们可以看到：我国著名经济学家王亚南出任厦门大学校长后，尽管年近半百，校务繁忙，却依然没有放弃学习，他常常在清晨的阳光下，静静地坐在书桌前，阅读书籍，写作文章；我国市场经济理念的先驱与实践的领路人——薛暮桥，他将"问题意识"视为学术研究的灵魂，认为每一个问题都是推动理论进步的阶梯，这不仅是对他学术生涯的总结，也是对后来者的殷切期望；我国著名的马克思主义经济学家骆耕漠，无论在多么艰苦的环境中都始终为了祖国的强盛坚持学习，最后成为经济学的大家。

　　本书中还有许多这样的事例，比如勤学苦练成就卓越的周守正、陈翰笙，改变经济学发展历程的加里·贝克尔、乔治·阿克洛夫，以及不断追求真理的瓦尔拉斯、肯尼斯·阿罗……希望这些故事能启发广大青少年朋友勤学苦练，不断坚持，善于提问总结。只有这样，才能达成自己的目标，取得杰出的成果，更好地为国家、为民族贡献自己的力量。正如习近平总书记所言："蓝图不可能一蹴而就，梦想不可能一夜成真。人间万事出艰辛。越是美好的未来，越需要我们付出艰辛努力。"

　　最后，祝你们阅读愉快！

李毅

2025 年 5 月

2

目　录

第一部分　勤勉成就未来

第二部分 求知启迪思维

第三部分　探索点亮世界

小明来自 2050 年的中国，在他所处的时代，科技已然高度发展，人类完全进入了人工智能时代。他是一个对世界充满好奇的学生，虽然他还是经济学领域的门外汉，但他却以一颗探索者的心，用无数个问号编织着对经济现象的理解与想象。

　　这一天，小明再次熟练地戴上虚拟现实设备，启动了一款名为"让经济学家解答你的疑惑"的软件，开始了一段点亮心中明灯的非凡旅程……

第一部分
勤勉成就未来

"你好，小明！"经济学家们轻声说道，声音柔和而亲切，"跟上来，我们要去一个奇妙的地方。"小明既惊讶又兴奋，立刻跟随经济学家们，踏上了一条通向未知的道路。沿途，他们穿越了五彩斑斓的花海，聆听着微风轻拂的乐曲，来到了这个奇妙世界的第一站。

经济学家们

嘿，你认识我们吗？你有什么问题想问我们吗？

我当然认识你们！我还有好多问题想问呢！首先我想问陈豹隐爷爷，如果大家都像故事里的大侠那样，劫富济贫，让有钱人把钱分给穷人，我们的经济就会变得更好吗？

小明

小朋友，你的想法很有同情心呢！不过，经济学告诉我们，简单的劫富济贫虽然短期内可能会让一些人得到帮助，但长期来看，它可能会打击人们创造财富的积极性，不利于经济的长期发展。一个好的经济体系，应该鼓励大家通过诚实劳动和创新来增加财富，同时确保每个人都能分享到经济增长的好处。

陈豹隐

3

原来如此！那蒋家俊爷爷，我家后院种了几棵苹果树，如果我多浇水多施肥，是不是就能长出像金子一样值钱的苹果，卖很多钱呢？

小明

蒋家俊

虽然多浇水多施肥对果树的生长有帮助，但苹果的价值不在于它长得又大又甜就一定能卖出高价。在市场经济里，东西值不值钱还要看人们的需求大小和商品的供给多少。如果大家都种苹果，苹果太多了，可能就不那么值钱了。所以，了解市场需求，种植更具特色或有更高营养价值的水果，或许是个更好的选择哦！

4

小明

我明白了！那周守正爷爷，为什么学校门口的炸鸡店总是有很多人排队，而旁边的书店却没什么人呢？

周守正

小朋友观察得很仔细呀！这是因为人们的需求不同：炸鸡作为快餐，味道好又方便，所以受很多人喜欢；书籍虽然重要，但购买时大家可能更挑剔，对书籍的需求也没那么迫切。这就涉及经济学中的供需法则啦！

哇，我从来没有想过这也涉及经济学！厉以宁爷爷，我们学校最近正在举办跳蚤市场活动，卖东西的同学都想卖高价，而买东西的同学都想买得便宜，这样市场会乱套吗？ 小明

小朋友，你问到了一个关于市场机制的关键问题！在自由市场上，卖家希望商品的价格高，而买家希望商品的价格低，这是很正常的。但神奇的是，通过买卖双方的反复谈判和竞争，最终会找到一个双方都能接受的"均衡价格"，这个过程就像自然界中的平衡一样，虽然开始时可能有些混乱，但最终会趋于稳定。当然，如果市场出现不公平或信息不对称的现象，我们就需要政府或规则的介入来维护公平交易了。 厉以宁

5

那约瑟夫·斯蒂格利茨叔叔，如果世界上只有一家超市，而这家超市里卖的东西都很贵，我们能怎么办呢？ 小明

约瑟夫·斯蒂格利茨

小朋友，你又问到了一个非常重要的问题——市场竞争！如果世界上只有一家超市，它可能会利用垄断地位提高价格。这时，我们可以呼吁更多的商家进入市场，政府也可以通过反垄断政策来保护消费者的权益。

明白了！逢锦聚爷爷，国家每年都要制定经济增长目标，这个目标是怎么来的呢？又是谁说了算呢？

小明

6

逢锦聚

小朋友，国家制定经济增长目标可不是随便拍拍脑袋决定的哦！它不仅基于对当前经济形势的分析、对未来趋势的预测，还要考虑就业、物价、国际环境等多方面因素。

听起来很宏大呢！最后我还想问莱昂·瓦尔拉斯叔叔，如果世界上的每个人每天只做自己喜欢的事情，不做自己不喜欢的工作，那么经济还能正常运行吗？

小明

莱昂·
瓦尔拉斯

小朋友，你的问题很有深度！在理想的世界里，如果每个人都能自由地选择职业，那当然很美好。但实际上，经济是一个复杂的系统，需要各种各样的工作来维持运转。比如，虽然有人不喜欢种粮食，但食物是每个人不可或缺的。所以，我们通过分工合作，用自己擅长的事情换取别人的劳动成果，这样整个社会才能更加高效和谐地发展。这就是经济学中的"分工与交换"原理。

7

哇！我的问题都被很好地解答了，真感谢遇见你们！那你们当中还有哪些特别的人物呢？

小明

埃莉诺·
奥斯特罗姆

孩子，我是第一个获得诺贝尔经济学奖的女性。我研究了一个很有趣的问题——为什么有些社区能够很好地管理自己的公共资源，比如水源、森林等，而有些社区却不行。你知道这是为什么吗？

嗯，这个问题对我来说还有点难度。 **小明**

埃莉诺·奥斯特罗姆 没关系，待会儿就能去到我的精神世界里继续探索了！

太好了！那还有别的经济学家吗？ **小明**

8

杰拉德·德布鲁 当然了！我研究了数学和经济学的关系，特别是研究了均衡理论，也就是为什么在一个市场里，商品的供给和需求会自动实现平衡。

数学和经济学有关系？这听起来很复杂。 **小明**

杰拉德·德布鲁 确实有点复杂，但其实我只是想告诉你，市场在很多时候是有"秩序"的，就像数学公式一样能被预测。

那我们中国的经济学家呢？还有哪些故事和贡献呢？　小明

陈岱孙　我致力于推动经济学的教育。

薛暮桥　我也对中国经济改革有不少贡献，提出了一些关于改革开放的重要经济政策。

9

改革开放是不是让中国的经济变好了？　小明

薛暮桥　没错！我们这些经济学家帮助世人理解了市场经济如何运作，以及如何改善人民的生活。

好有趣的问题！我感觉经济学家都在帮助我们解决社会问题！那我还想问王亚南爷爷，为什么有的国家很富有，有的国家却很贫穷呢？　小明

王亚南

小朋友，这个问题涉及很多复杂的因素。简单来说，一个国家的富裕程度跟它的自然资源、科技水平、教育程度、政治制度等都有关系。比如，拥有丰富资源并能有效利用的国家，往往发展得更快。同时，一个国家的开放程度、科技水平等，也是影响经济发展的重要因素。当然，最重要的是人民要勤劳智慧，政府要公正高效，这样才能共同推动国家走向繁荣。

陈豹隐：勤于学习，敏于求知

陈豹隐，这位 20 世纪初的经济学界"侠客"，他的故事就像是一坛尘封的老酒，揭开盖子，便能闻到那穿越时空的醇香。如果说经济学是一个江湖，那么陈豹隐就是那个手持经纶、脚踏实地的"武林高手"，在当时的时代背景下，留下了自己独特的身影。陈豹隐不仅是一位学者，更是一个时代的见证者和参与者。他的人生轨迹就像是一部波澜壮阔的历史剧，我们既能看到他探索真理时的坚韧不拔，也能看到他面对困难时的从容不迫。

11

生平简介及主要贡献

1917 年的春天，陈豹隐从日本东京帝国大学（今东京大学）顺利毕业，由此开启了他传奇般的学术与人生旅程。他的职业生涯如同繁星点点，闪烁在多个重量级岗位上：北京大学的讲坛上留下了他的智慧烙印，重庆大学商学院院长的职位见证了他领导力的风采，四川财经学院（今西南财经大学）里有他继续播撒知识的种子。1930 年，他以翻译《资本论》第一卷首部分册的壮举，为中国经济学界献上了第一份珍贵的马克思经济学著作中文译本，成为这一领域的开山鼻祖。1956年，他被评为经济学一级教授，这份荣誉在当时的全国范围内仅有两人享有，陈豹隐便是其中之一，足见其学术地位之显赫。

陈豹隐，这位横跨学术与社会实践的多面手，既是思想洪流的弄潮儿，又是学术海洋的掌舵者，更是一位活跃的社会活动家，多重身份交织出一幅丰富多彩的人生画卷。陈豹隐的学术贡献尤为突出，他对商品与商品生产规律、价值与价值规律的独到解析，为马克思主义政治经济学的本土化与深化发展铺设了坚实的基石。

12

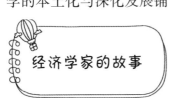

经济学家的故事

东渡求学之路

陈豹隐出身书香门第，父亲陈品全是清代翰林，曾任教于广西桂林书院。在这样的家庭背景下，陈豹隐早年便沉浸于儒家经典。十二岁那年，他踏上求知的新旅程，远赴广西，在一所法国人创办的中学里接受现代教育。此经历不仅使他掌握了法语，更激发了他对学习语言的热情与追求，为他后来掌握法、德、英、日四国语言奠定了基石。

　　高中学业完成后，陈豹隐又踏上了赴日留学的道路，他成功考入东京第一高等学校（以下简称"一高"）预科。该校作为当时日本的顶级学府之一，竞争激烈，且该校毕业生享有直升东京帝国大学的特权。彼时，清朝政府对考入包括"一高"在内的五所日本名校的中国留学生实行公费资助，陈豹隐凭借优异成绩，成为极少数获此资助的留学生之一，其名噪一时，并与诸多杰出人士如鲁迅、张季鸾等结下了不解之缘。

　　值得一提的是，"一高"要求学生掌握至少两门外语，陈豹隐早年习得的英语与德语技能在此时发挥了重要作用，这使其能够广泛参考各国文献，显著提升了其翻译与学术创作的水平。陈豹隐从"一高"毕业后，又进入东京帝国大学深造，在此期间，他通过翻译小林丑三郎的《财政学提要》，正式开启了学术著述的征程。在日本留学期间，陈豹隐深受新文化运动的影响，回国后他积极参与文化革新，主张文学贴近民众，倡导白话文，抵制文言文，并致力于翻译苏联文学作品，推动文化交流。20 世纪 30 年代，他延续了在文化领域的影响力，不仅接棒主持《时事新报》的《学灯》副刊，还参与《大公报》社论工作，展现了其深厚的学识与强烈的社会责任感。

13

学术界的启明灯塔

回国后，陈豹隐毅然决然地加入救国图强的大潮，成为教育界的一名布道者和经济改革的一名先行者。

陈豹隐最让人津津乐道的是他那套运用自如的经济学教学法，这套教学法就像武侠世界里内外兼修的秘笈，不仅传授西方经济学的"硬功夫"，还在其中融入了中国实际的"软实力"，让学生们既能触摸国际前沿理论的精髓，又能扎根祖国大地的沃土。他的课堂就像是江湖上的论剑大会，思想火花四溅，让每个参与者都能在学术的较量中收获满满。

作为四川大学的"掌门人"之一，陈豹隐更是身体力行，推动了一系列改革，让这所学府焕发了生机。他像是经济改革的开山斧，劈开了旧观念的束缚，他的思想为中国的现代化之路铺石奠基。同时，他还是一位笔耕不辍的学者，著作等身，他的每一本书、每一篇文章都像是他掷向旧世界的飞镖，精准而有力。

欲成大器，必先淬炼心志、不惧挑战、勇于探索未知。陈豹隐视学习为终身伴侣，他怀揣梦想，砥砺前行。陈豹隐早年的深厚积淀犹如深埋地下的矿藏，静默蓄力，终在漫长征途中迸发智慧之光。他广蓄新知，筑基固本，正因如此，方能在思潮涌动中勇立潮头，笔耕不辍，投身思想的传播。他翻译的《资本论》如同一座启明灯塔，引航无数青年驶向马克思主义的深邃海域，其学术贡献在历史长河中熠熠生辉。此外，他还是一位深谙《资本论》方法论精髓的探索者。1933 年问世的《社会科学研究方法论》是他的扛鼎之作，这本书以其精妙的架构、具有前瞻性的视角，以及对方法论的深刻剖析，为众多学者所推崇，即便在今天，仍闪耀着智慧的光芒。陈豹隐这个名字，早已成为中国经济学史上一颗耀眼的星辰。

问题探索

你从陈豹隐的求学之路中感受到了什么？这对于你的学习生活有什么启示？

15

陈岱孙： 无问东西， 耕耘一生

"有生之年，我只做过一件事，就是一直在学校教书。"

——陈岱孙

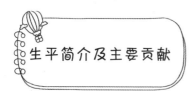
生平简介及主要贡献

16

　　陈岱孙出生于福建省闽侯县（今属福建省福州市），是我国著名的经济学家、教育家。他出身书香门第，自幼接受了良好的教育。陈岱孙在财政学、统计学、国际金融以及经济学说史等方面都取得了较高的研究成就，对我国经济学的发展作出了卓越贡献。

　　陈岱孙撰写了《现代西方经济学的研究和我国社会主义经济现代化》等论文，全面地论述了正确对待西方经济学的问题，强调需以马克思主义立场辩证分析其价值。20世纪50年代，陈岱孙编写了《经济学说史讲义》，该书首次用马克思主义观点和方法论科学评价资产阶级经济理论，建立起他自己的经济学说史体系。陈岱孙长期从事经济学的教学工作，为我国教育事业的发展和经济学科的建设作出了杰出的贡献。

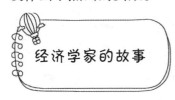

经济学家的故事

赤子丹心昭风骨

1943 年，在西南联大经济系的一间教室里，人头攒动，热闹得像是赶庙会。教室里不仅有自家经济学学子的热情面孔，还有不少慕名而来的"旁听生"。这场景，简直是给一堂听起来就让人头疼的专业课——经济学概论，披上了神秘又诱人的外衣。

17

上课前五分钟，一位绅士迈着沉稳的步伐步入教室，他身着笔挺的深色西装，内搭洁白的衬衫，整个人挺拔如松。他往讲台一站，随即微微一笑，喧闹的教室骤然安静了下来。

他悠然自得地在黑板上写下一个英文单词——"wants"（欲望，需求），由此展开对人类经济行为奥秘的探索。从对欲望的萌芽、经济活动的动力的分析，到对效用、供求、价值的剖析，他的讲解既精练严谨，又逻辑清晰，他的普通话发音抑扬顿挫，言词字字珠玑，令听众沉浸其中。同学们上完他的课后，仅需对课上笔记稍加整理，便能形成一篇完整的经济学分析报告，这堪称学术指导的典范。

偶尔，他会暂停讲解模式，转为答疑模式。面对学生们的提问，他会耐心解答。当有人问起讲解过的同类问题时，他打趣道："这问题还没想明白吗?"同学们哄堂大笑，而他微微扬起的嘴角挂着一丝善意的微笑。

这位教授，便是集中国传统学者之儒雅、英伦绅士之细腻与恰到好处的幽默感于一身的陈岱孙。他不仅是西南联大校园里的一道独特风景，亦是无数学生心中的学术偶像。

陈岱孙出身显赫，为福建省福州市的"螺江陈氏"后裔，其家族书香绵延、人才辈出。他的家族在最辉煌时，兄弟三人同登进士榜，其中两人更是"同榜夺魁"。其伯祖父陈宝琛为清末帝师，外祖家亦是外交世家，外公、舅舅皆为清廷驻外使节。

作为家中长孙，陈岱孙六岁进入陈氏私塾，在祖父的严格教导下研习典籍。外祖父为其聘请了英文教师，这也为他日后的学术之路奠定了坚实的基础。十五岁那年，他以超凡的能力提前完成了鹤龄英华中学四年的课程，并顺利考入梦寐以求的清华学堂。之后他又凭借出色的表现，公费留学哈佛大学，并获得博士学位，成为班上最年轻的博士，此外他还荣获美国大学生的至高荣誉——金钥匙奖。他游学欧洲后归国，年仅 26 岁便踏上了清华大学的讲台，开启了他辉煌的教学生涯。

然而，陈岱孙终身未婚，他独自走完了九十七年的漫长岁月。其外甥女唐斯复说，陈岱孙因为专注治学，加之性格内敛，又追求婚姻自主，以及因为父丧错过良机，最终独自度过追求学术的一生。

桃李百年铸经纶

唐斯复以"纯洁"二字恰如其分地概括陈岱孙的一生。陈岱孙清正纯粹的一生，以七十载教育生涯为底色，其品格如他传授的知识般不染尘埃。抗战爆发后，他毅然决然地将个人前途暂放一边，随清华大学南迁至长沙，仅携简单行囊，尽显文人风骨与家国担当。

19

在日常生活中，陈岱孙始终保持整洁与有序，家中物品摆放井然，即便是杯碟、床单等，也皆洁净无瑕，这折射出他对生活的严谨态度与高雅追求。然而，在清华大学南迁的艰难岁月里，他身处大升旅馆，与朱自清先生共居斗室。面对种种不便，陈岱孙非但毫无怨言，反而以幽默的对联化解窘境："小住为佳，得小住且小住；如何是好，愿如何便如何。"这份超然豁达，令人叹服。论及境遇，陈岱孙身为世家子弟，本有清华大学的高薪，理应生活优渥，但因战乱动荡，在西南联大的八年里，他从戏院包厢跌至食不果腹，又历经手稿遗失、精神重压，尽管如此，他始终坚韧如初。

1949 年风云变幻之际，面对去台邀请，陈岱孙因深恶痛绝国民党的腐败，毅然选择留下，坚守心中的信念与立场。此后，他对学生的关爱跨越时光：耄耋之年仍不忘三十年前的学生，于其危难中连续八年每月从薪水中挤出五元用以资助学生，这份深情厚谊令人动容。1976 年后，面对工农兵大学生的困境，他再次挺身而出，以行动诠释公平与正义。他不顾年迈体弱，增设课程、亲自授课，只为点亮求知的希望。他在欧洲游学时，钟爱歌剧艺术，这份对美好事物的追求与热爱，如同他心中不灭的灯塔，照亮了他前行的道路。他的一生淡泊名利，晚年虽生活清贫，他仍乐善好施。

1995 年，陈岱孙 95 岁寿辰之际，海内外学子齐聚北京大学为其举办庆典，见证这位教育家的光辉岁月。他的致辞简短而深刻："在过去这几十年中，我只做了一件事，就是一直在学校教书。"这，便是他一生的写照。他，是真正的贵族，不在于物质的堆砌，而在于精神的富足与品格的高尚。即便在西南联大的简陋校舍中，他也能保持西装笔挺、袖口洁白，这份儒雅风范熠熠生辉。在生命的最后一刻，他依然心系清华大学，他将自己对教育的热爱与执着坚守至生命的终点。在这个"贵族"一词被滥用的时代，他是最后的、真正的贵族。

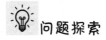 问题探索

如果能回到过去，你愿意去听陈岱孙教授的课吗？为什么？

21

蒋家俊： 动荡中求学， 孕育进步精神

八十岁之际，蒋家俊在他的三径荒斋写下一首描述自己的诗：

江南碌碌一书生，虚度韶华八十春。

振奋神州研经济，培栽桃李诵诗文。

德行学业唯求己，利禄功名可让人。

三径荒斋凭栏望，光华日月满乾坤。

生平简介及主要贡献

蒋家俊，江苏镇江人，经济学家、教育家。他早年就读于复旦大学经济学系和经济研究所，1954年，他回到母校复旦大学经济学系任教，他致力于政治经济学的教学与研究工作近五十年，为培养经济学人才作出重要贡献。

蒋家俊的研究始终与国家经济改革的方向一致，涵盖社会主义政治经济学、价格体制等领域。他撰写的《怎样认识社会主义制度下的市场供需关系》《略论社会主义制度下生产水平和社会需要之间的矛盾》等论文具有理论指

导意义。他平易谦和、求真务实、淡泊名利，他将治学与修身之道融入家庭教育，为后人树立了良好的榜样。

经济学家的故事

动荡的少年求学路

1924 年，江苏省镇江县象山乡前王村迎来了一个新生命——蒋家俊。他的父亲蒋光甫在芜湖汇丰米号担任管账员，其父勤勉工作，为家庭撑起了一片天。作为家中独子，蒋家俊自小在严格的家教之中长大，"老老实实做人"这句话，如同晨钟暮鼓，时刻回响在他的耳畔。

到了七岁，蒋家俊踏入了镇江县一所小学的大门。在学校大门两侧的白粉墙上，那两行醒目的大字——"读书不忘救国，救国不忘读书"，如同种子一般，深深埋进了他的心里，慢慢生根发芽。他努力学习，成绩优异。1937年的夏天，他成功考入了江苏省立镇江师范学校初中部。在那里，他仿佛海绵吸水般，贪婪地吸收着新文艺书籍中的养分，红楼图书馆成了他的第二个家。

然而，好景不长，1937 年 11 月，日军的炮火无情地打破了这片宁静，镇江师范学校被迫停课，蒋家俊不得不离开他热爱的校园，与家人一同踏上流亡之路。虽然他只在镇江师范学校初中部待了短短两个多月，但那首激昂的校歌早已深深烙印在他的心中："壮丽山川古润州，江左人才渊薮……"每当哼唱起这首歌，他都能感受到一股力量激励着他前行。

逃亡的路上，轰炸声此起彼伏，蒋家俊一家辗转多地，最终在芜湖天主教堂找到了临时的庇护所。在那段艰难的日子里，蒋家俊没有放弃学习，他找到了一本《古文观止》，每日埋头苦读，练习书法，用知识的光芒照亮前行的道路。1938 年 9 月，一个转机出现了——江苏省立镇江师范学校在上海租界复校（称"沪校"）了！蒋家俊的父亲立刻为蒋家俊办理了复学手续，他再次踏入了校园。虽然条件艰苦，但能与同学们并肩学习，对他而言已是莫大的幸福。在省立镇江师范沪校的一年里，他以出色的表现赢得老师的赞誉并当选班长。同时，他还爱上了书法，常常临摹《麻姑仙坛记》和《灵飞经》，其书法技艺日益精进。

在上海的日子里，蒋家俊不仅努力学习，还积极参与进步活动。他与同学们一起出版《铁火文艺丛书》，用笔触抒发对祖国的热爱和对侵略者的痛恨。每逢重要纪念日，他们还会走上街头，贴标语、撒传单，用实际行动表达着青年的担当。

然而，好景不长，1941 年 12 月 8 日，太平洋战争爆发，蒋家俊所在的中学被迫解散。他不得不再次回到芜湖的家中，但他并未放弃求学的梦想，后又借读文明中学，完成了高中的最后一学期学业。最终，他凭借优异的成绩获得了江苏省立镇江中学的高中毕业证书，结束了这段动荡而又不凡的求学之旅。

进步的青年求学路

蒋家俊的昔日学子之一吴先满回忆起蒋家俊时说，蒋老师总是戴着一副上黑下透明的方框眼镜，伟岸的身躯站在讲台，一看就是学问很深的大家。在夏日无空调的教室里，蒋家俊板书时后背衣襟被汗水浸湿的辛勤身影仅是蒋家俊在复旦大学近半个世纪的教学生涯中的一个温暖定格。

1946 年秋风送爽之际，蒋家俊踏入复旦大学经济系，开启了他的经济学探索之旅。彼时，西方经济学课程主导教学，原版的英文教材令他早年自学的英语技能大放异彩。在章益任校长的引领下，漆琪生先生亲授货币银行学，蒋家俊倍加珍惜这段求学时光，不仅深耕专业，还广泛涉猎，常赴外系课堂聆听赵景深的中国小说史、萧乾的英文新闻等精彩课程，积极参与马寅初、林同济等大师的讲座，图书馆更成了他的第二家园。

昔日经济学院的心脏地带矗立着一座融合古典韵味与现代功能的二层砖木结构建筑，它既是办公楼也是知识的宝库——图书室，其历史可追溯至 1921 年。在这栋建筑前，有一片宽阔的大草坪，这是学生们日常学习交流的乐园，学生们或静坐沉思，或嬉戏放松，皆成风景。1929年，为纪念复旦大学杰出的前教务长及经济学家薛仙舟先生，该楼扩建两翼并更名为"仙舟图书馆"，此名由复旦大学老校长于右任亲笔题写，然而因篆书的"仙舟"二字繁复难辨，加之人们的谐音误会与大家对新校史人物的不甚了解，学生们戏称之为"傻瓜馆"。尽管如此，这非但并未减少学子们对知识的渴望，反而成为一种自嘲式的勤奋象征，蒋家俊便是那些甘愿做"傻瓜"，沉浸在书海中的学生之一。

彼时，抗战硝烟虽散，但国家百废待兴，复旦大学亦面临诸多挑战，其住宿条件尤为艰苦。数千名学生挤居在昔日日军遗留的住房与兵营改造的宿舍中，条件十分简陋。然而，正是由于这份对知识的渴望与对未来的憧憬，蒋家俊等学子们甘于现状，乐在其中，他们相信"以中有足乐者，不知口体之奉不若人也"。

同时期，国内局势动荡不安，国民党政府发动的内战以及经济崩溃引发的通货膨胀与物价飙升，让民众生活苦不堪言。加之美军在北京、上海等地的暴行，更是激起了全国上下的强烈愤慨。在此背景下，蒋家俊与复旦大学的同学们挺身而出，积极参与反美暴行、反饥饿、反内战的学生运动，每一次的抗争都深刻地烙印在他们的心中，成为一堂堂生动的爱国主义教育课，这让蒋家俊等青年学子更加坚定了为国家、为民族奋斗终身的信念。上海解放的曙光初现，蒋家俊圆满完成本科学业，随即考入复旦大学经济研究所，誓以深造助力新中国经济建设。考试虽难，却难不倒他扎实的功底与不懈的努力，最终蒋家俊在周有光教授的认可下，开启了他的研究生生涯。

在研究生阶段，蒋家俊得以深入、系统地学习马克思主义经济理论，聆听经济学大师的授课，并有机会接触财经界的实际运作，理论与实践的结合让他受益匪浅，他的政治觉悟与思想认识显著提升。

毕业之际，蒋家俊响应国家号召，投身华东财政经济委员会的革命工作，以满腔热忱开启新的征程，实践着他为国为民的崇高理想。

💡 问题探索

动荡年代，蒋家俊是靠着什么信念坚持自己的求学之路的？你认为坚持自己的求学之路需要有什么样的精神？

厉以宁： 可敬的经济学传道者与诗人

溪水清清下石沟，千弯百折不回头。兼容并蓄终宽阔，若谷虚怀鱼自游。

心寂寂，念休休，沉沙无意却成洲。一生治学当如此，只计耕耘莫问收。

——《鹧鸪天·大学毕业自勉》

2023 年 2 月 27 日 19 点 31 分，厉以宁因病医治无效在北京协和医院逝世，享年 92 岁。年轻人当中，熟悉他的也许不多，但提起他的学生李克强（曾任中国国务院总理），则广为人知。

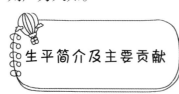

生平简介及主要贡献

厉以宁，1930 年出生于江苏南京，他曾担任北京大学光华管理学院名誉院长和博士生导师，同时也是闽南师范大学乡村振兴战略研究院顾问、中国民生研究院学术委员会主任等。

理论贡献方面，他倡导并运用非均衡理论，认为经济不是稳定均衡状态，而是处于动态的非均衡状态。作为中国最早提出股份制改革理论的学者之一，厉以宁提出了推动国有企业通过股份制改革实现产权明晰化的构想，对中国经济改革与发展产生深远影响。此外，厉以宁的研究领域广泛，特别是他在经济史研究方面深入探讨了关于资本主义起源的问题，并提出了关于中国城乡二元体制改革的观点。

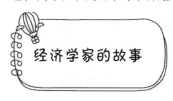

经济学家的故事

潜心研究、承上启下

29

20 世纪 80 年代初，一个春天的早晨，北京大学的蔚秀园里发生了一件有趣的事。平新乔和谢百三，两位刚刚参加完硕士研究生入学面试的年轻人，手里握着一张写着陌生住址的纸，兴奋地敲响了一间教师宿舍的门。门开了，一位女主人笑盈盈地让他们进去。他们这才发现，原来他们要找的厉以宁老师，竟然一家四口挤在一间只有 30 多平方米的小公寓里！在最小的那间房间里，53 岁的厉以宁正趴在书桌上，用北京大学特有的方格稿纸写作。他身后的大床上堆满了书和一包包装满资料、手稿的牛皮纸袋。看到这两个不请自来的年轻人，厉以宁起身，轻声告诉他们："我每天早上都会写 3 页左右书稿，然后再做其他事情。"

厉以宁在 1980 年提出股份制改革，发表了大量文章，倡导中国经济体制改革，呼吁确立市场经济，是中国最早提出股份制改革理论的学者。

"我记得 1981 年 7 月在烟台开研讨会，我和厉老师住在一个宿舍里。他向我提出一个问题，他说，凤岐，你看中国用股份制来集资的办法行不行？我说完全可以。"从这时起，北京大学经济学院年轻的学者曹凤岐开始在厉以宁的带领下，全然投入股份制研究。"我们俩真够傻冒。"平新乔日后回忆。初见厉以宁的那个早上，他并不知道，日后漫长又影响深远的中国经济体制改革中最为重要的一场改革正由厉以宁老师推动。而他们这批受到厉以宁启发、引领、指导的年轻人，也将成为未来中国经济的中坚实践者。

在成为对改革开放思想理论贡献巨大的股份制理论倡导者之前，厉以宁首先是一位潜心研究的西方经济史学者。这个小故事，虽然有些冒失，但也充满了幽默和温馨，让人感受到了那个年代的学者们的热情和执着。

故事传道、深入浅出

1990 年，厉以宁已经是享誉盛名的经济学家，但他仍坚持每年给本科生开设一门课程。尽管当时他在北京大学最大的教室里上课，但他的每堂课都座无虚席，学生们甚至站在阶梯教室的走道上听课。当时经济学界存在许多争议议题，但厉以宁在授课中从不避讳与之不同的观点，常常先引用他人观点，然后说上一句："厉以宁的看法是……"这时台下的学生们通常会心领神会，甚至会心一笑。学生们跟随着厉以宁上课，最享受的时刻之一就是开课时没有教材，厉以宁讲授时会引经据典，博采众长。

厉以宁具有深厚的诗词功底，对中国传统文化有着独特研究。因此，他在研究中国经济问题时常能提出独特的观点，比如，他提出的"搅拌机"模式，用比喻深入阐释经济学现象，具有很强的穿透力。他认为市场就像一个大型搅拌机，各种生产要素投入其中后，自行搅拌，这就是"资源配置"。改革开放后，大量民营企业进入市场，机制灵活，市场搅拌机也因此转动起来。

2018年6月，厉以宁在北京大学光华管理学院举办的活动中，通过"寺庙卖梳子"的案例阐释市场创新。厉以宁讲述了这样一个故事：一个生产梳子的工厂雇佣了四名推销员，要求他们到寺庙销售木质梳子。第一名推销员去了后一无所获，因为和尚们都是光头，无须梳子。第二名推销员去了后，卖了十几把，因为他开发了梳子的第二功能：刮头皮，他提出，梳子不仅可以梳头，还可以刮头皮，具有活血止痒之效。第三名推销员去了后卖出了几百把。他仔细观察后发现香客们礼佛后头发会乱，于是向方丈建议在佛堂前放几把梳子，让香客们整理头发，体现寺庙对他们的关怀，这样，香客们更加虔诚。第四名推销员去了后卖出了几千把梳子。他找到方丈提议，将木质梳子进行适当加工，前面刻上寺庙的历史和背景，背面刻上对联，再由方丈签名，这样就成了纪念品。

厉以宁总结道，一个产品成功的关键在于功能的开发，"即使是木头梳子也能打开广阔市场，还有什么做不到呢？"他还强调："中国有句古话——'失败是成功之母'，但现在看来，这种观念也许并不准确。因为如果没有创新，一次失败只会导致下一次失败，只有通过创新和改变思路，才有可能取得成功。"

32

 问题探索

"搅拌机"模式是什么？通过"寺庙卖梳子"的故事，你得到什么启示？

逄锦聚：风雨求学路，矢志育人心

当问到经济学家的形象时，逄锦聚说："经济学家不应该只是从书本到书本的教书先生，而应当一生向实践学习，向人民群众学习。"他强调"要把做人、做事、做学问统一起来"。无论从事什么职业，做人都是第一位的。而这背后是青年时代饱经磨难的经历与体悟，使逄锦聚从不在乎金钱与享受。他在乎的，是为人立世的品行与风骨。

33

生平简介及主要贡献

逄锦聚是一位著名的经济学家和教育家。逄锦聚在经济学领域有着深厚的造诣，特别是在市场经济理论、中国经济体制改革、宏观经济运行及调控等方面有深入研究。他的研究成果丰硕，多次获得国家和部委级科研成果奖，为推动我国经济学的发展和应用作出了重要贡献。同时，他也致力于经济学教育和人才培养，培养了大批优秀的经济学人才。逄锦聚注重将理论与实践相结合，他每年都找机会深入实践做调查研究，指导学生利用寒暑假到改革开放前沿地区、贫困地区以及农村、企业开展调研。这种实践精神不仅丰富了他的研究成果，也为学生提供了宝贵的学习机会。作为首席专家召集人，他主持编写了《马克思主义基本原理概论》教材，他担任第一主编的《政治经济学》教材被全国高校广泛使用。

经济学家的故事

风雨飘摇求学路

在知识的海洋中，少年逄锦聚怀揣着对智慧的渴望与报效国家的宏伟志向，他的学业之路如同璀璨的星辰，熠熠生辉。然而，命运似乎总爱与他开玩笑，在那个风雨飘摇的年代，个人的命运如同浮萍，难以自主。1964 年，高中毕业的逄锦聚，因种种不可抗拒的原因，未能如愿踏入大学校门，于是他过早地肩负起了工作的重担。

工作虽艰辛，却也充满了甘甜。在基层工作中，他的能力逐渐被认可，不久后受命创办一所半工半读的中学。两年时光，他倾注心血，让这所学校迅速成长为同类中的佼佼者，这背后，是他不懈的努力和高中时期积累的知识与经验的结晶。回忆起这段时光，逄锦聚教授感慨万千："或许，我与教师这个职业，从一开始就结下了不解之缘。"

但好景不长，因学校停办，风华正茂的他不得不重返田野，做起了最朴实的农民。种地、清粪、伐木、砌墙……他尝遍了生活的酸甜苦辣。他推过千斤重的独轮车，扛过二百多斤的麻包，他的身影在田间地头、工厂车间、机关单位来回穿梭。这些丰富的社会经历，让他对中国国情有了深刻的理解，对经济问题有了独到的见解。"我对人生、对社会的理解，对农村、农民、工人、企业的了解，以及身体和心理素质的形成，都得益于这些经历。"他感慨地说。

十四年的风雨兼程，新的时代终于向他招手。1977年，国家恢复高考制度，他满怀希望地报考大学，却遭遇了拒绝。然而，他并未放弃，1978年秋天，他终于如愿以偿，考取了大学。这是他新生活的起点，也是他追梦之旅的新篇章。

在大学里，他虽在外语系学习，却深知外语只是工具。半年后，他毅然申请转入政治系，得到了学校党委书记的支持。他如饥似渴地学习专业知识，同时自学了大部分高校的经济学课程，他还积极向相关的经济学专家学者请教，并开始撰写论文。同时他还下定了决心，要报考研究生，迈向学术的更高殿堂。

1981年，他从青岛市委党校的工作岗位上考取了南开大学经济学研究生。这是他人生道路的又一次重大转折，也是他教学和学术生涯的新起点。他师从著名经济学家谷书堂教授，得到了众多教授的指导和培养。他们的实事求是、谦逊待人、勤劳敬业的态度深深地影响着他。

这段时间，他在理论学习、科学方法的训练以及对实践经验的总结上发生了质的升华。他更加坚定了要留校任教、从事教书育人工作的毕生信念。他的故事，是一个关于梦想、坚持与奋斗的故事，是一个关于在逆境中成长、在磨砺中绽放的故事。

兢兢业业育人心

在学术的浩瀚星空中，逄锦聚教授犹如一颗璀璨的星辰，以其不懈的努力与卓越的贡献，照亮了马克思主义经济学研究的道路。然而，即便是这样一位对自身身体素质充满自信的学者，也因为工作的压力不得不频繁地踏入医院的门槛，成为那里的常客。学生们私下里议论纷纷，无不心疼地说："老师是被那超负荷的工作压垮了……"

逄锦聚教授曾说："我自从接触马克思主义就没动摇过。"在南开大学的讲台上，他默默耕耘了近四十年，为我国的教育发展与改革倾注了无数心血。他的工作无处不在，无论是在病榻上、旅途中，还是在异地的招待所里，甚至长假期间，他都把自己关在房间里，潜心研究，只为那份对教育的热爱与执着。他指导的博士生孙波曾深情回忆，逢锦聚教授住院期间，医生严禁他工作，但他却"逼"着学生拿来一台电脑。深夜，病房的灯光都已熄灭，只有那台电脑屏幕还闪烁着微弱的光芒，映照出他坚毅的面庞。

他指导的博士研究生有六十余名，每一个都感受到了老师的高尚品格并深受他的言传身教。他常常强调："要把做人、做事、做学问统一起来。希望寄托在年轻人身上，我愿尽一切力量成就他们。"

在教育领域，他注重道德建设，因为他深知在市场经济的大潮中，人们的精神领域也需要正确的引导。崇高的道德并不是刻意高调地展现，而是内化于心、外化于行的自然流露。据他的博士生、中国人民大学教授李军林回忆，第一次去导师逢锦聚教授家中拜访时，看到逢锦聚教授三代人住在 50 多平方米的小两居里，他十分震撼：研究经济的导师，却从不琢磨改善自己的经济条件，这种精神令人钦佩。

逢锦聚教授很少批评学生，但他总是用自己的言行，把道德规范与学术素养等重要的品质播种在学生心田。在学术问题上，他十分严谨，从不轻慢。2019 年，他受聘担任中国社会科学院大学经济学院名誉院长，尽管年事已高，但他仍然坚持从天津赶到中国社会科学院讲课，一堂课下来往往就是一天。他对待每本教材都十分认真，总能给出精准细致的评点。

　　他的教育理念丰富而深刻,曾专门探讨大学生的思想政治教育工作。他撰写了《新形势下进一步加强和改进大学生思想政治教育的新途径探索》一文,并在文中指出要准确把握当前形势的新变化和大学生的新特点,并从国内外形势进行分析,从挑战和机遇两个维度出发,为大学生思想政治教育工作提供了新的思路和途径。

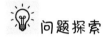 问题探索

　　种地、清粪、伐木、砌墙……这些工作对逢锦聚的经济研究产生了什么影响?你从中得到什么启示?

王亚南：　终身学习，　呕心沥血

马克思在《资本论》法文版第一卷序言中指出："在科学上没有平坦的大道，只有不畏劳苦沿着陡峭山路攀登的人，才有希望达到光辉的顶点。"王亚南以坚韧不拔的精神，践行了马克思的这句名言，为我们树立了光辉的榜样。

生平简介及主要贡献

39

王亚南是中国著名的马克思主义经济学家和教育家，担任新中国成立后厦门大学的首任校长。早在20世纪40年代初，王亚南在中山大学任教期间，提出将马克思主义经济学与中国实际结合，探索本土化经济理论，并在新中国成立后更加系统地宣传和研究马克思主义经济学。

王亚南的经济理论主张以马克思主义为指导，他致力于研究中国经济问题并将马克思主义经济学与中国实际相结合，深入分析中国经济形态。他利用《资本论》的理论和方法，对旧中国社会经济形态进行了深入剖析，揭示了旧中国各种经济形态的特征及相互关系。

经济学家的故事

王亚南的"书海"人生

王亚南从小就对读书充满了无尽的热情。记得少年时，每当夜晚降临，他便会爬到屋顶，借着明亮的月光，如痴如醉地翻阅手中的书本。念中学时，王亚南更是将自己的木板床的床腿锯短一只以强制自己夜读后起床。每当夜深人静，他便会翻身醒来，继续沉浸在书海中。同学们都说，王亚南的床是他最忠实的伙伴，陪伴他度过了无数个挑灯夜读的夜晚。上大学后，王亚南更是把对知识的追求发挥到了极致。他在宿舍门口贴上了"来客接谈十分钟，超过时间恕不奉陪"的告示，为的是能够专心读书。而当他乘坐邮轮经西印度洋赴欧洲留学时，他更是把自己绑在餐厅的柱子上，全神贯注地阅读书籍。

王亚南的求学之路并非一帆风顺。他常常因为没钱买书而抄写书籍，为了赚取学费而勤工俭学。即使在留学途中，他也曾因为无法支付学费而选择自学。然而，这些困难并没有击垮他，反而让他更加坚定了对知识的追求。通过海外游学，王亚南深入考察了日本、德国、英国等国家，他像一块海绵，不断地吸收着来自世界各地的知识。

他的求知之路不仅让他摆脱了困境，还让他掌握了多国语言和经济理论。回到国内，王亚南出任了厦门大学校长。尽管年近半百，校务繁忙，但他依然没有放弃学习。他常常在清晨的阳光下，静静地坐在书桌前，阅读书籍、写作文章。即使到外地出差，他也会带上几本书籍，以便在闲暇之余继续学习。王亚南深知，知识的获得绝非一朝一夕之功，并强调"博专精深"的治学之道：既要广泛涉猎各种书籍，又要深入钻研专业知识。他在大学时期就广泛阅读了古今中外的各种书籍，自称"海阔天空"。但他也明白，仅仅博览群书是不够的，必须专攻专业知识，才能真正成为学者。在研究中，王亚南善于整合各方面的知识，为他的研究服务。他在写作《中国官僚政治研究》时，结合马克思主义理论与中国历史实际，对中国官僚政治本质进行了深入剖析。这使得他的研究成果更加系统、更加深刻。

王亚南的一生，就是一部对知识的追求史。他用自己的行动告诉我们：只有不断学习、不断追求知识，才能成为真正的学者，才能在人生的道路上走得更远、更宽广。

《资本论》的"奇遇"之旅

1928年，一个阳光明媚的午后，在杭州的大佛寺里，两位年轻人——王亚南和郭大力，意外地相遇了。他们像是久别重逢的老友，一见如故，立刻开始畅谈人生理想。当谈到如何改造社会时，两人一拍即合，决定要完成一项前所未有的壮举——翻译《资本论》！

虽然王亚南和郭大力并不是政治经济学专业出身，但他们有着坚定的信念和决心。他们知道，翻译这样一本巨著并非易事，于是决定先从学习并翻译西方古典政治经济学名著开始，比如亚当·斯密的《国富论》、李嘉图的《政治经济学及赋税原理》等。这些书籍像是为他们打开了经济学的大门，帮助他们逐渐掌握了翻译《资本论》所需的技巧和知识。然而，在那个动荡的年代，翻译《资本论》不仅是一项学术任务，更是一场充满"奇遇"的旅程。他们遭遇了国民党当局对马克思主义著作的审查与阻挠，忍受了贫困和疾病的侵袭，甚至有一次，他们的译稿在战火中被焚毁了！但这一切都没有击垮他们，反而让他们更加坚定了完成任务的决心。经过十年的艰苦努力，1938 年的八九月间，《资本论》第一卷的全中文译本出版，第二卷、第三卷后续陆续出版。这个消息一出，便在当时的社会引起了轰动。人们纷纷购买这本期待已久的书籍，想要一探究竟。

从此，作为马克思主义理论基石的《资本论》，以完整的面貌呈现在了中国人民面前。人们可以全面、系统地了解和学习马克思的经济学说，为自己的事业和生活指引方向。而王亚南和郭大力，也因为这次"奇遇"之旅而成为中国历史上的传奇人物。他们的名字将永远与《资本论》紧密相连，成为激励后人的力量源泉。

 问题探索

王亚南和郭大力在翻译《资本论》的过程中遭遇了什么困难？你从他们的故事中学到了什么精神？

43

薛暮桥："自我否定" 的一代宗师

在面对不确定与挑战时，是否愿意投身于那些短期内可能无法看见明确结果的事业，往往考验着一个人的信念与决心。薛暮桥，这位中国经济学界的巨擘，以实际行动给出了响亮的回答。在撰写《中国社会主义经济问题研究》这部里程碑式著作的过程中，他面临的是远超常人的艰难与考验。彼时薛暮桥不得不在艰苦的环境中进行创作：没有舒适的书桌，没有明亮的灯光，陪伴他的只有一张简易的马扎。就是在这样的情景下，薛暮桥凭借着超凡的毅力和对经济学的深厚热情，一笔一画，一字一句，坚持不懈地完成了这部著作。

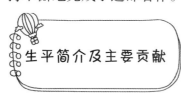

生平简介及主要贡献

薛暮桥是新中国统计体系与物价管理系统构建的奠基人之一，是中国社会主义市场经济理论的探索者，其作为市场导向改革的早期倡议者与推进者，获得了首届中国经济学杰出贡献奖的崇高荣誉，为我国向社会主义市场经济体制过渡贡献了不可磨灭的力量，并为后世留下了丰富的经济理论遗产。他的力作《中国社会主义经济问题研究》累计发行数百万册，成为经济改革初期的重要理论读本。此书还被翻译成多种外文版本，广泛传播。该书不仅全面回顾了新中国成立以来的经济发展历程，更是一部经济体制改革的行动指南，书中蕴含了市场取向改革思想，鼓励遵循经济规律，加速了国家四个现代化目标的实现。

薛暮桥在其众多著作中，如《中国农村经济常识》《我国物价和货币问题研究》《按照客观经济规律管理经济》《当前我国经济若干问题》等，不断探索和阐述了财政税收、金融体系、价格机制、对外贸易以及国有企业等关键领域的改革策略，为中国经济的理论与实践发展铺设了坚实的基石。

45

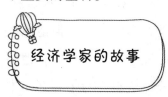

经济学家的故事

笔耕不辍筑经纬

薛暮桥，这个在中国经济学界闪耀的名字，以其传奇般的学术历程和非凡成就，成为无数后辈学者仰望的灯塔。尽管薛暮桥仅有初中学历，但他并未因此受限，反而在逆境中展现出惊人的学习能力和坚韧不拔的意志。在监狱的三年时光里，他自强不息，自学经济学知识。这种自学成才的精神，正是他学术生涯的初步奠基。随后，在跟随陈翰笙深入农村调研的经历中，他不仅积累了宝贵的实践经验，更是在实践中学习。这种"从群众中来，到群众中去"的治学态度，让他的理论研究始终贴近现实，富有生命力。

陈翰笙的治学方法对薛暮桥影响深远，陈翰笙反对死板的引经据典和空谈理论，这种求真务实的学术风格深深烙印在薛暮桥的研究之中。他的书桌上，常常放着一堆统计资料；他的每一次写作，都是基于详实数据的严谨分析，而非空中楼阁的理论堆砌。即便是在最艰苦的环境下，他也仍旧保持了这种严谨的学风，他亲手复写、装订，以一种近乎苦行僧似的执着，守护着自己的学术成果。

薛暮桥家中虽然有很多经济学方面的书籍，但他更注重从统计数据和实地调研中汲取研究素材。写作时，他的书桌上除了稿纸和笔，还有一本统计资料。为了写好一本书，他会带着半盒纸、一支笔和相关统计资料去现场，这样就可以随手写下所有内容。1975年重返工作岗位后，他就先到实地进行调查研究。在两次不同的考察中，他走遍了山东、江苏和安徽三省，写下了著名的《中国社会主义经济问题研究》一书。

1979年年末，日本《经济新闻》发表一则消息说，中国有一本书，跑遍全北京都买不到，这便是薛暮桥所著的《中国社会主义经济问题研究》。这本后来卖出数百万册的书，却是薛暮桥在艰苦环境里一遍遍思索成稿的。1968年，薛暮桥在被关押的房间里，坐在小马扎上伏在床铺上写作，用黑底红花的头巾裹住自己堆积如山的手稿。曾有人评价说，在那个年代，这显然是一部写给"抽屉"，而不是写给出版社的书稿。但薛暮桥仍然执着地写着、改着。

锐意求索破藩篱

薛暮桥晚年仍然笔耕不辍，曾有记者问薛暮桥："为什么年事已高，却坚持每天长时间写作？"薛暮桥的回答很简单："如果我不写作，不思考经济发展问题，那么我活着还有什么意思呢？"他的坚持源自内心深处对经济学的热爱和对国家发展的深切关怀。他将"问题意识"视为学术研究的灵魂，认为每一个问题都能推动理论进步，这不仅是对自己学术生涯的总结，也是对后来者的殷切期望。他强调学以致用、实事求是，他的学风和治学态度为青年学者树立了榜样。薛暮桥的女儿薛小和表示："我父亲有很强的问题意识，什么事情都从问题出发。"这促使薛暮桥在研究生涯中发表的绝大多数文章都是从问题出发的。

薛暮桥治学严谨，实事求是，学风朴实无华，学以致用。虽然他只有初中文化水平，但是通过自身不断努力，从书本中汲取了无数精华。实践出真知，薛暮桥在学习过程中不仅主动接受理论知识，更结合实际情况，在现实中发现问题、提出问题，在学习与提问中思考我国经济发展问题，终成一代大师。

非学无以致疑，非问无以广识；好学而不勤问，非真能好学者。薛暮桥的一生，是对"学海无涯苦作舟"最生动的诠释。他用自己的经历告诉后来者，知识的获取并非一蹴而就，而需通过不断的实践、反思与追问。在求知的道路上，既要勤奋学习，又要勇于提问，二者相辅相成，方能成就一番学问。

  问题探索

"问题意识"是什么意思？你认为自己有这种意识吗？如果有，请举例。

周守正：　勤学苦练成就卓越

潜心研究《资本论》，炉火纯青运用自如；教书育人一辈子，是严师亦是慈师。以赤子之心，甘守清贫；以君子之风，恪守正道。智者不逐名，师者只琢玉，乐做铺路石，甘为人之梯。

——河南大学 105 周年"感动河大"人物周守正之颁奖词

生平简介及主要贡献

周守正是河南大学经济学科的奠基人，在教育、研究和理论方面作出了突出贡献。他参加了抗日民族解放运动，并培养了一代代出色的学者，推动了河南大学经济学、管理学的发展，为马克思主义经济学中国化提供了区域实践样本。

学术贡献上，周守正提出关于《资本论》中两个"三统一"的思想，即马克思《资本论》的理论一方面是马克思主义哲学、政治经济学和科学社会主义这三个组成部分的统一，另一方面从方法上看，又是认识论、逻辑学和辩证法这三个方面的统一。另外，周守正重视对于《资本论》的方法的研究。他提出学习和研究《资本论》的方法，只能从《资本论》自身的理论中去发掘。

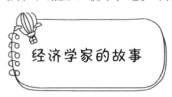

战争时期执戈卫国，和平岁月执教育人

2007 年 9 月 1 日，河南大学经济学科的奠基人周守正先生的雕像在经济学院东侧正式落成。这座汉白玉半身像展现了周先生精神矍铄、睿智慈祥的形象。讲到此，我们不禁要问什么样的人可以竖立铜像？答曰或者是圣人，或者是伟人，或者是名人；或者建功立业，或者解救苍生，或者造福一方。接下来我们就试图从一些历史的碎片了解这位为国为民的读书人。

周守正教授 20 岁时以杰出的成就被日本东北大学（原东北帝国大学）经济学部录取。但当 1937 年日本军队开始全面侵略中国时，他怀着愤慨返回祖国，投身于激烈的抗日救国运动。这是"苟利国家生死以，岂因祸福避趋之"在读书人身上的展现，也是年轻的周守正报国的生动写照。

1949 年初，他被党组织从香港安排到河南开封，在河南大学开始了他的教书生涯。1952 年秋，中央人民政府对全国高校进行院系调整，河南大学财经系师生全部南下武汉，河南大学财经系于 1953 年并入新成立的中南财经学院。在此背景下，时任系主任的周守正教授被河南省指名留了下来，这为河南大学经济学科的存续与发展留下了难得的火种。正因为如此，周守正教授被省里和学校委以重任，成为河南省高校政治理论课和政治经济学专业唯一的教授和学术带头人。他还兼任一系列行政职务，但工作的繁重并没有将他与教学第一线分隔开，反而让他更加喜爱三尺讲台。为了支持一批年轻教师到中国人民大学进修，周守正教授单独承担起全校 6 个学院的政治理论课教学任务。20 世纪 60 年代初，为了支持郑州大学的建设，他接受委派同时在河南大学和郑州大学两所学校担任政治理论课教学工作。在整整三年的时间里，他每天早上 6 点出门，中午休息一会儿，晚上很晚才回到家。那个时代的交通极不便利，对于工作生活非常规律的周守正先生来说，如此长时间地在开封、郑州两地劳苦与奔波，其中的艰辛是今天拥有幸福生活的我们无法想象的。

周守正先生就这样一直在河南大学教书育人，直到 88 岁高龄，由于此时的他已经换了两次心脏起搏器，每天须依靠药物维持心脏正常跳动，学校便不再安排他授课。然而，他依然留恋于心爱的讲台，多次请求学校恢复授课。他说："要给我安排课，我还要上课。我是教师。"2005 年 12 月 4 日下午，阳光明媚，92 岁高龄的周守正教授最后一次走上讲台。他戴着深色绒线小帽，穿着黑蓝色布褂，一条腿轻轻搭在另一条腿上，上面放着一只草绿色热水袋，双手紧紧揣在衣袖里。"我愿意回答，你们的，任何问题……"尽管他行动和说话都有些不便，但仍然坚持为簇拥在周围的同学们讲完课。次年，令人敬佩的周守正教授带着对教育事业的不舍离开了人世。

书山有路勤为径，学海无涯苦作舟

周守正教授是新中国成立后河南大学经济学科的奠基人，也是学界公认的《资本论》研究权威。他一生提供了许多宝贵的学术精品和珍品，其《资本论》教学更是达到了炉火纯青的境界。他似乎已把《资本论》揉碎了、嚼烂了、消化了，可以自如地用自己的方式、语言把它重新理出来、串起来，深入浅出，娓娓道来。正如一位教授对他授课的评价："如春风化雨，点点入土。"听周守正先生的课可以说是理论和艺术上的绝佳享受。周守正教授的教学和科研都取得如此卓越的成就，秘诀何在呢？

曾经有学生问周守正教授，要完全把握《资本论》需要读多少遍，他说 30 遍。学生继续问，老师已经读了多少遍？他的回答是 29 遍！学生听后极为震惊。周守正教授如此严谨治学，有几人能学得来？

还有人曾当面问周守正教授："您讲课一连几个小时，没有一句错话、废话。为什么没有讲稿依然讲得那么严谨？"他脱口而出："谁说我没有讲稿？我不仅有讲稿，而且每一次课前都要反复熟悉讲稿，不过不需要每一次都重新写，只是在前次讲稿的基础上根据需要修修补补而已。"他还说："教师讲课不能照本宣科，关键是写讲稿、熟悉自己的讲稿。"紧接着，他讲了一个故事："豫剧大师常香玉演了一辈子《红娘》《白蛇传》《花木兰》等剧目。每次正式演出前，仍坚持必须彩排，这是对群众负责。"他然后强调道："当教师的认真备课、熟悉讲稿，不也是对学生、对自己负责吗？"

周守正教授备课之辛勤还表现在日常作息上，这位学富五车的老者常年保持着凌晨三点半起床的习惯。他自己说过："我每天三点半起床，把每天要讲的内容在自己的脑海里默念一遍，这样讲课就可以脱稿了，我和你们年轻人不一样，我睡觉少。"其实他不是睡觉少，而是更用心。

 53

 问题探索

你接触过《资本论》吗？在阅读完以上故事后，你认为完全把握《资本论》需要读多少遍呢？

埃莉诺·奥斯特罗姆：做向上的玫瑰

你能说出一个获得诺贝尔经济学奖的女性吗？或者说，你知道是否有女性获得过诺贝尔经济学奖吗？答案是肯定的。2009 年 10 月，一位优雅、睿智的老太太终于改变了诺贝尔经济学奖被男性"垄断"的局面。无畏荆棘丛生，做向上的玫瑰，这是埃莉诺·奥斯特罗姆向世界展现的女性力量。

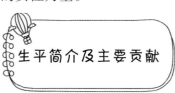

生平简介及主要贡献

埃莉诺·奥斯特罗姆是一位伟大的女性，她是美国公共选择学派的创始人之一，也是首位获得诺贝尔经济学奖的女性。

埃莉诺·奥斯特罗姆女士在"公地悲剧"问题方面有着深入的研究。你们可能听说过"公地悲剧"这个词，它描述的是当资源被大家共同使用时，没有人对资源的使用负责，往往会导致资源的过度使用，最终造成资源的枯竭。在公共管理和可持续发展方面，她的研究为我们提供了宝贵的参考。她告诉我们，通过合理的制度设计和机制安排，可以有效地避免"公地悲剧"的发生，实现资源的可持续利用。

她的开创性著作《公共事物的治理之道：集体行动制度的演进》在学术界产生了重大影响。在这本书中，她提出了一个新的观点，即公共事物的管理不一定完全依赖于政府。她认为，除了政府之外，还可以有不同的组织和不同的机制来参与公共事物的管理，这就是她所提倡的"多中心主义"。

埃莉诺·奥斯特罗姆女士的一生都在致力于公共事物的研究和实践。她用亲身经历告诉我们：只要有足够的智慧和勇气，我们就可以为这个世界带来积极的变化。

55

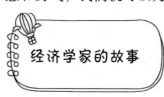

勇气和决心让自己更出彩

埃莉诺·奥斯特罗姆不仅是一位杰出的经济学家，更是一个勇敢、坚韧且充满智慧的女性。

埃莉诺·奥斯特罗姆出生在美国洛杉矶的一个中产阶级家庭，她成长的年代恰逢 20 世纪 30 年代的经济大萧条。在那段困难的时期，洛杉矶的自来水异常珍贵，这让年幼的她对公共资源的价值有了深刻理解。她目睹了资源匮乏时人们为了生存而进行的争夺，这些经历让她意识到，在资源有限的情况下，人们必须携手合作，才能共渡难关。可以说，这些早期的生活经历为埃莉诺·奥斯特罗姆后来的学术思想提供了素材。

然而，和大多数人一样，埃莉诺·奥斯特罗姆的成长道路并非一帆风顺。高中时，她面临着一个巨大的挑战——口吃，这让她在社交中感到自卑和尴尬。首次上台参加诗朗诵的她因为口吃遭遇失败，结结巴巴的发音让她出了糗。但埃莉诺·奥斯特罗姆是个不服输的女孩，她并没有选择逃避，而是勇敢地面对自己的弱点。她参加了演讲俱乐部，每天放学后都努力练习发音和演讲技巧。经过不懈的努力，她不仅克服了口吃，还成为一个辩论和即兴演讲的高手。这段经历不仅锻炼了她的口才，更培养了她的自信和毅力。

高中毕业后，埃莉诺·奥斯特罗姆选择了政治学作为自己的专业。她深知，政治与人们的生活息息相关，而她对公共事物的深刻理解也让她在这个领域如鱼得水。在波士顿工作三年后，她回到家乡，在加利福尼亚大学从事人力资源工作。但她并没有满足于现状，而是利用业余时间继续深造，攻读公共管理硕士学位。在那个女性普遍不被鼓励接受高等教育的年代，她的勇气和决心令人钦佩。

埃莉诺·奥斯特罗姆的一生都在追求真理、探索未知。她的智慧、勇气和坚韧都值得我们学习。她的故事告诉我们，要勇敢地面对困难，并寻找解决问题的方法，还要不断学习和提升自己的能力，并始终保持谦虚和低调的态度。

合作与分享让世界变得更加美好

埃莉诺·奥斯特罗姆不仅是一位热爱自然的人，还是一位非常了不起的学者。埃莉诺·奥斯特罗姆思考的问题直到今天仍然非常重要——那就是如何让大家能够一起保护和公平地使用我们共享的资源，比如空气、水和森林等。

57

想象一下，有一个大公园，里面有很多美丽的花、清澈的湖水，还有孩子们喜欢的秋千。如果每个人都不顾别人，随意摘采花朵、污染湖水或者一直独占着秋千玩，那这个公园很快就会变得乱糟糟，对吧？而埃莉诺·奥斯特罗姆就想出了很多好办法，帮助大家学会一起照顾公园，让每个人都能享受到美好的环境，并且还能让美好的环境长久地保持下去。

她告诉我们，不必总是依赖警察或者其他大人来管理，大家自己就能通过商量和制定小规则，比如轮流玩秋千、一起种花、清理垃圾等，来共同守护我们的公园。这就是埃莉诺·奥斯特罗姆的智慧，她让我们明白，只要大家齐心协力，共享的东西不仅不会被用完，反而会变得更好。

埃莉诺·奥斯特罗姆在公共资源管理、集体行动和公共选择理论等领域作出了开创性的贡献。她发现，在公共资源管理方面，除了政府之外，还可以有其他组织和机制来参与管理。这种"多中心主义"的观点打破了传统上由政府单一管理的模式，为公共事物的管理提供了新的思路。她的研究成果不仅丰富了学术界的理论体系，更为我们解决现实世界中的问题提供了宝贵的思路。

正因为她有这些深刻的见解，埃莉诺·奥斯特罗姆后来成为了第一位获得诺贝尔经济学奖的女性学者。然而，她并没有因此而骄傲自满，反而更加谦虚和低调。在得知自己获得诺贝尔经济学奖的消息后，埃莉诺·奥斯特罗姆并没有沾沾自喜，而是将这一成就归功于同事们的共同努力。她表示，这个奖项不仅是对她个人努力的肯定，更是对她所从事的学术事业的认可。她希望将奖金用于资助各个国家优秀的学者和研究人员进行政治理论、政策分析等项目的研究，为学术界的繁荣和发展贡献自己的力量。

所以，下次当你和朋友们一起玩耍或做事情时，记得埃莉诺·奥斯特罗姆教给我们的道理：合作和分享能让我们的世界变得更加美好！

问题探索

　　埃莉诺·奥斯特罗姆是如何战胜自己的口吃问题的？
她关于合作分享的理念给你的生活带来了什么启示？

59

杰拉德·德布鲁： 世界经济的良师

曾几何时，杰拉德·德布鲁被战争的阴影笼罩，但他并未屈服。相反，他选择了用知识作为利剑，斩破黑暗。他投身经济学的浩瀚海洋，探寻人类行为与社会现象的奥秘；他深入哲学的智慧殿堂，解读人类思想的深邃与广阔，用知识和智慧点亮了自己的学术之路，也为我们展现了一个充满无限可能的世界。

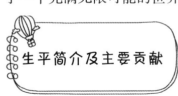

生平简介及主要贡献

杰拉德·德布鲁在经济学领域取得了非凡的成就。他专注于一般均衡理论的研究，通过数学工具，深入探讨了资源如何被有效利用、社会福利如何最大化以及商品市场如何达到均衡状态等问题。他的理论不仅丰富了经济学的知识体系，更为后续的研究提供了宝贵的工具和方法。

杰拉德·德布鲁的学术贡献在经济学界产生了深远的影响。他的一般均衡分析理论，如今已成为现代经济学理论的核心支柱。由于他在这一领域的杰出贡献，他荣获了

1983 年的诺贝尔经济学奖，这一殊荣无疑是对他学术成就的极大认可。

此外，杰拉德·德布鲁的学术思想不仅影响了微观经济学领域，还广泛渗透到资本理论、区位理论、金融理论、国际贸易和宏观经济理论等多个领域，推动了经济学理论的全面发展和创新。总之，杰拉德·德布鲁是一位伟大的经济学家，他的学术贡献将永载史册，被后人铭记。

经济学家的故事

61

战后新生

杰拉德·德布鲁，1921 年出生于法国的一个犹太家庭，他的家庭原本过着幸福的生活，父亲是一位备受尊敬的律师，母亲则是一位热爱文学和艺术的温柔女性。在这样的家庭熏陶下，杰拉德·德布鲁从小就对数学和逻辑产生了浓厚的兴趣，仿佛他的大脑天生就是为了解开世界的谜题而存在的。

在法国巴黎的童年时光里，杰拉德·德布鲁是个十足的"小侦探"。他热衷数学的逻辑推理，每一个数学问题对他来说都是一场智力游戏。他还痴迷棋类游戏，无论是国际象棋还是围棋，他都能凭借精妙的策略和计算击败对手。此外，他还喜欢阅读推理小说，尤其是阿加莎·克里斯蒂的作品。每当翻开一本新书，他都会试图在故事的结局之前猜出凶手的身份，这不仅锻炼了他的逻辑思维，也让他享受到了破解谜团的乐趣。

然而，好景不长。第二次世界大战的硝烟打破了杰拉德·德布鲁家庭的宁静。20 世纪 40 年代，纳粹德国占领法国期间，杰拉德·德布鲁一家因犹太身份被迫逃亡，以寻找安全的避难所。杰拉德·德布鲁去到了法国南部的一个农村，与一对善良的天主教夫妇一起生活。在那里，他改了名字，隐藏了自己的犹太身份。农村的生活虽然艰苦，但杰拉德·德布鲁并没有放弃学习。他跟随当地老师学习法语、拉丁语和英语，还阅读了一些历史和地理书籍。

战争结束，杰拉德·德布鲁与家人重聚后，回到了巴黎，重新开始了学习和生活。然而，那段战争的经历给他造成了深刻的心理创伤。他常常在夜深人静时思考自己的身份和过去，试图寻找人生的意义。为了走出阴影，他投身于经济学、哲学和心理学等领域的学习中。他认为经济学能够揭示人类行为和社会现象的规律，而哲学和心理学则能帮助他理解人类的思想和情感。在这些领域，杰拉德·德布鲁展现出了惊人的才华和潜力，他独特的见解和深入的分析赢得了老师和同学们的高度评价。

就这样，杰拉德·德布鲁在战争的洗礼中逐渐成长为一个才华横溢的学者。

勇登峰顶

杰拉德·德布鲁以令人瞩目的成绩从巴黎的高等师范学院毕业，他手握数学和哲学的双学位，踏上了学术的新征程。杰拉德·德布鲁深深地被经济学的魅力吸引，他坚信经济学是一门结合数学的严谨性和哲学的深刻性的完美学科。于是，他决心继续深造，挑战更高的学术峰顶。

其后，杰拉德·德布鲁又进入了哈佛大学，当他踏入哈佛大学的那一刻，他仿佛进入了一个全新的世界。这里充满了浓厚的学术氛围和无尽的探索精神。他的导师是享有盛誉的经济学家肯尼斯·约瑟夫·阿罗，而他的同学们更是未来的诺贝尔经济学奖得主，如罗伯特·索洛和约翰·纳什。他们一起探讨、争论、创新，每一次的思想碰撞都激发出新的火花。

在哈佛大学的经济学系，杰拉德·德布鲁如鱼得水。他运用数学的工具和逻辑的推理，深入剖析人类的行为和社会的组织。他试图揭示出人类决策背后的规律，为社会的发展和进步提供有力的支持。他的研究广泛而深入，不仅涉猎了经济学的各个分支，还深入探索了博弈论、社会选择理论和信息经济学等领域。

每当夜幕降临，杰拉德·德布鲁总是沉浸在书海中，他的脑海中充满了无尽的思考和创新。他坚信，只有通过严谨的数学模型和逻辑推理，才能揭示出人类行为背后的真相。他的论文和研究成果，不仅赢得了导师和同学们的高度评价，更在学术界引起了广泛的关注和讨论。

经过数年的努力，杰拉德·德布鲁获得了博士学位。他提出了著名的德布鲁定理，这个定理揭示了博弈论和社会选择理论之间的深刻联系，被公认为是经济学理论的一个重要贡献，这为后来的经济学家提供了一个强有力的分析工具。杰拉德·德布鲁的学术成就，不仅为他赢得了声誉和尊重，更成为他学术生涯中最为辉煌的篇章。

64

 问题探索

杰拉德·德布鲁定理的证明用到了很多数学知识，你知道现代经济学和数学的关系吗？

莱昂·瓦尔拉斯：　一般均衡理论之父

　　莱昂·瓦尔拉斯以他那超凡脱俗的边际效用理论和一般均衡理论，巧妙地编织了一个关于市场与经济运行的奇妙故事。他不仅是一位深邃的思想家，更是一位将复杂经济原理转化为迷人魔法表演的艺术家。在莱昂·瓦尔拉斯的经济学舞台上，供给与需求不再是冷冰冰的图表和数据，而是化身为翩翩起舞的精灵，它们随着边际效用的旋律起舞，共同演绎着市场均衡的和谐乐章。而莱昂·瓦尔拉斯，则是指挥这场梦幻交响乐的魔法指挥家，他的每一个动作、每一个决策，都引领着整个经济体系的节奏与方向。

65

生平简介及主要贡献

　　莱昂·瓦尔拉斯，这位法国经济学界的璀璨星辰，不仅是边际效用理论的先驱，更是一般均衡理论的奠基人，他的思想如同璀璨星光，照亮了经济学探索的征途。在他的智慧引领下，以及在其杰出弟子维尔弗雷多·帕累托的继承和发展下，洛桑学派绽放出了更加耀眼的光芒，成为经济学史上不可忽视的重要篇章。

作为边际革命的三位领航者之一，莱昂·瓦尔拉斯虽在杰文斯与门格尔率先扬帆边际主义思潮三年后，才以《纯粹政治经济学要义》（1874）这部鸿篇巨制扬帆起航，但其深邃的洞察与严谨的论述，让这部著作成为了经济学海洋中的一座灯塔，指引着后人前行。

莱昂·瓦尔拉斯的学术遗产，不仅限于那部划时代的著作，他身后留下的九卷巨著全集，更是经济学宝库中的瑰宝。这些珍贵文献，历经岁月的洗礼，在 1984 年至 2005 年被精心编辑、逐一出版，它们仿佛穿越时空的信使，将莱昂·瓦尔拉斯的智慧与洞见传递给每一个渴望探索经济学奥秘的心灵。

尤为值得一提的是，莱昂·瓦尔拉斯的卓越贡献与深远影响，让他赢得了经济学界至高无上的赞誉。著名经济学家约瑟夫·熊彼特曾称他为"所有经济学家当中最伟大的一位"，这一赞誉不仅是对莱昂·瓦尔拉斯个人成就的肯定，更是对他为经济学发展所作出的不可磨灭的贡献的最高赞誉。

经济学家的故事

求学岁月与思想萌芽

在 19 世纪中叶的法国，有一位名叫莱昂·瓦尔拉斯的青年，他的人生仿佛是一部充满转折与惊喜的传奇。初时，莱昂·瓦尔拉斯对文学抱有极大的热情，1851 年，他凭借卓越的才华获得了文学学士学位，并相继出版了小说《弗兰昔司、沙维尔》和短篇小说《信》，在文学界崭露头角。然而，命运似乎另有安排，莱昂·瓦尔拉斯很快发现自己在文学上的成就难以达到心中的期许，于是，他决定转投经济学的怀抱，这一决定不仅改变了他的个人命运，也深刻影响了整个经济学界。

67

起初，莱昂·瓦尔拉斯对经济学的研究充满了迷茫与困惑。他意识到，仅仅依靠文学的思维方式和写作技巧，是无法深入了解经济学的精髓的。于是，他开始了漫长的自学之旅，从基础的政治经济学理论到复杂的数学方法，他一一攻克，逐渐展现出了自己非凡的学术潜力。

1865 年，莱昂·瓦尔拉斯与里昂·赛伊共同创办了一家生产合作银行，并开始了对法国合作运动的研究。这段经历不仅让他对现实经济问题有了更深刻的理解，也为他日后的经济学研究积累了宝贵的实践经验。然而，好景不长，这家银行因经营不善而破产，但这并没有击垮莱昂·瓦尔拉斯，反而让他更加坚定自己的学术追求。

1870年，莱昂·瓦尔拉斯在瑞士洛桑学院开始了他的教学生涯，这标志着他正式踏入了经济学的殿堂。在洛桑学院，他继续学习微积分，并发展了边际效用的数学理论，为后来的《纯粹经济学要义》的出版奠定了坚实的基础。这本书的出版，不仅标志着边际效用价值论的正式形成，也让莱昂·瓦尔拉斯成为经济学界的一颗璀璨明星。

有趣的是，莱昂·瓦尔拉斯在洛桑学院的教学生涯并非一帆风顺。起初，他因为主张社会改良而引发争议，部分保守学者质疑其激进性。但莱昂·瓦尔拉斯凭借扎实的学术功底和不懈的努力，最终赢得了同行和学生的认可，成为了洛桑学派的创始人之一。

人生的道路并非一帆风顺，但只要我们坚持自己的梦想，勇于探索未知领域，就一定能够创造出属于自己的辉煌。从文学青年到经济学巨匠的华丽转身，莱昂·瓦尔拉斯用自己的经历诠释了这一真理。

理论璀璨与经济革新

在经济学界，莱昂·瓦尔拉斯的名字总是与"一般均衡理论"紧密相连。这一理论的诞生，不仅为经济学研究提供了新的视角和方法，也深刻影响了后世经济学的发展。然而，这一理论的诞生过程，却充满了挑战与争议。

19世纪70年代，莱昂·瓦尔拉斯在深入研究经济学的过程中，逐渐意识到传统经济学理论的局限性。他认为，传统经济学过于关注市场的局部均衡，而忽视了整个经济体系内部的复杂联系和相互作用。于是，他开始尝试构建一种能够描述整个经济体系一般均衡状态的理论框架。

莱昂·瓦尔拉斯的一般均衡理论将市场经济体系视为一个内在相互联系的整体，并通过一套联立方程式体系来描述其内部各个部分之间的相互关系，实现了对传统经济学理论的重大突破。他假设了一个人口众多、经济复杂的国家，并通过经济表的方式，详细描述了该国的土地、人力、资本等生产要素的存量和流量情况，以及它们之间的相互作用关系。

然而，在当时的经济学界，莱昂·瓦尔拉斯的观点遭到了许多人的质疑和反对。他们认为，莱昂·瓦尔拉斯的假设过于理想化，与现实经济情况相去甚远。此外，莱昂·瓦尔拉斯的数学方法也让许多人感到头疼不已，他们认为这种方法过于复杂和抽象，让人难以理解和应用。

但是，莱昂·瓦尔拉斯并没有因此放弃自己的信念。他坚信，一般均衡理论能够更准确地描述和解释现实经济现象，为经济学研究提供更加有力的工具。他通过不断努力，逐渐完善了一般均衡理论的理论体系，并使其成为了现代经济学的重要组成部分。

有趣的是，莱昂·瓦尔拉斯的一般均衡理论在诞生之初，并没有得到广泛的认可和应用。直到后来，随着数学方法在经济学中的广泛应用和计算机技术的飞速发展，一般均衡理论才逐渐展现出了其强大的生命力和极大的应用价值。如今，一般均衡理论已经成为经济学研究的重要工具之一，它为我们理解和解释现实经济现象提供了更加全面的视角。

 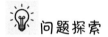 问题探索

莱昂·瓦尔拉斯的一般均衡理论受到质疑时，他是怎么做的？当你受到别人的质疑时，你又会怎么做？

约瑟夫·斯蒂格利茨：不拒众流，方为江海

约瑟夫·斯蒂格利茨是经济学界的"公正斗士"，他的经济理论像一面放大镜，专注揭示市场中的"不完美"。他不相信市场总是能自动修正，尤其是在信息不对称的时候——卖家和买家了解的信息并不完全相同，他认为在这种情况下，总是有人吃亏。因此他与乔治·阿克尔洛夫、斯彭斯共同开创了"信息经济学"，并拿下了 2001 年的诺贝尔经济学奖。约瑟夫·斯蒂格利茨不仅是学术前沿的先锋，也是对全球化、发展经济学等问题的犀利批评家，他仿佛时刻都在提醒我们，市场并不是每次都那么"聪明"，而公平才是真正的经济智慧。

生平简介及主要贡献

约瑟夫·斯蒂格利茨，美国经济学家，身兼哥伦比亚大学校级教授与该校政策对话倡议组织主席。他的荣誉满载，包括：1979 年，他摘得经济学界青年才俊梦寐以求的

约翰·贝茨·克拉克奖；1993—1997 年，他是美国总统经济顾问委员会成员，其中三年担任主席；1997—1999 年，他担任世界银行高级副行长及首席经济学家，并推动全球经济议程；2001 年，约瑟夫·斯蒂格利茨的非凡贡献被诺贝尔经济学奖加冕，而他的深刻洞察亦助力联合国气候小组赢得 2007 年诺贝尔和平奖；2011 年起，他领导国际经济学协会三载，持续引领学术前沿。

约瑟夫·斯蒂格利茨在信息经济学领域的研究无人能出其右，他提出的"逆向选择"与"道德风险"概念，已成为经济学研究和政策研究领域的基石。其著作《经济学》自 1993 年问世以来，历经数版，与萨缪尔森等经济学巨擘的经典教材并驾齐驱，指引着无数学子步入经济学殿堂。

约瑟夫·斯蒂格利茨以独特的全球视角审视发展议题，对国际机构在经济全球化中的角色提出批评，强调它们需更关注贫困与社会正义。他倡导政府在市场调控中的积极作用，主张平衡国家与市场的力量，以此促进包容性增长，力求全球经济在公平与稳定中前行，并惠及每一个人。

经济学家的故事

求学历程与思想觉醒

　　约瑟夫·斯蒂格利茨，这位在全球经济学界声名显赫的人物，其思想的形成与他的成长背景、个人经历息息相关，而这些也是生活给予他的独特馈赠。约瑟夫·斯蒂格利茨出生于一个勤劳、坚韧的家庭，他的父母用实际行动诠释了努力与坚持的价值。他的父亲直到 95 岁高龄仍作为保险推销员活跃在工作岗位，他的母亲在退休后也未停止教学的脚步，直至 84 岁，仍在教授阅读与写作课程，这种精神深深地影响了约瑟夫·斯蒂格利茨，让他从小就对工作与社会责任有了深刻的认识。

　　约瑟夫·斯蒂格利茨在这样的家庭环境中成长，他的大学生活也不平凡。1963 年，作为学生会主席的他，亲身参与了马丁·路德·金领导的民权运动大游行，这场历史性的集会不仅见证了"我有一个梦想"演讲的诞生，也深深触动了约瑟夫·斯蒂格利茨的心灵，激发了他对公平正义的深切追求，引导他形成了乐观向上的性格。他的理念和行动深受这段历史的熏陶，这些经历也促使他在日后成为一名积极倡导市场公平、公正的经济学家。

73

经济洞察与时代呼唤

学术上，约瑟夫·斯蒂格利茨展现出了非凡的天赋与勤奋。他年仅 24 岁便在麻省理工学院获得博士学位，随后他在剑桥大学的研究经历进一步拓宽了他的学术视野。他不到 30 岁即成为耶鲁大学的教授，并在计量经济学会取得研究员资格，这些都是对他在经济学领域作出的杰出贡献的肯定。1979 年，他荣获约翰·贝茨·克拉克奖，进一步巩固了他在经济学界的地位。而斯坦福大学教授、美国国家科学院院士以及世界银行高级副行长兼首席经济学家等一系列荣誉和职务，都是他职业生涯中光彩夺目的篇章。

约瑟夫·斯蒂格利茨为人友善，生性开朗，是无可争议的经济学巨匠。传统经济学认为，在一个自由和不受监管的市场中，追求个人利益的个人可以使整个社会的福利最大化。而约瑟夫·斯蒂格利茨在经济学研究中独树一帜，他并不满足于传统经济学的完美假设，而是基于现实世界的信息不对称现象，提出市场失灵的理论，强调政府在纠正市场缺陷中的重要作用。他主张由于市场参与者无法获得必要的信息，市场运作并不完善，这往往会对个人不利。因此，政府和其他机构必须巧妙地进行干预，使市场正常运转。

他利用数学和计算机模型，创造性地将不完全信息纳入经济模型，颠覆了传统经济学的某些基础假设，从而开辟了经济学研究的新路径。他的这一系列工作，不仅赢得了同行的尊敬，更吸引了大量年轻学者的追随，成为经济学界一股不可忽视的力量。"我采用的逻辑和使人们相信市场有效的那种逻辑一样。"他说，"我只改变了信息完全的假设，找出一种把不完全信息模型化的方式。当你运用这个新模型的时候，你会发现市场总是无效的。"

约瑟夫·斯蒂格利茨的大脑像是装满了宏观经济模型的超级计算机，既能精准预测经济趋势，又能犀利批评市场失灵。约瑟夫·斯蒂格利茨不仅是数字和图表的朋友，他更像是一位经济学界的"正义使者"，不断拨开复杂经济现象中的重重迷雾。

他笔下的文章既锋利如刀又饱含深情，比如那篇大胆预言"中国世纪"的文章，在全球引发了激烈的辩论与思考。此外，他还是一位"爱情经济学"的实践者——2004年他与安亚·希夫林的婚礼，让人们看到了这位经济学巨擘在严谨之外的浪漫的一面。

约瑟夫·斯蒂格利茨的人生和学术生涯，是对"终身学习"和"独立思考"理念的最好诠释。他从不拒绝吸收各种知识，但始终保持批判性思维，敢于质疑，勇于创新。在信息爆炸的时代，我们更应保持清醒头脑，学会筛选、质疑、反思，而非被动接受一切。只有这样，我们才

75

能在知识的海洋中扬帆远航，成为自己思想的舵手，最终达到智慧的彼岸。约瑟夫·斯蒂格利茨用自己的人生经历告诉我们，无论是经济学的探索，还是人生的旅途，不拒众流，方能成就江海般的广阔与深邃。

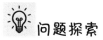 问题探索

你是如何认识"终身学习"和"独立思考"的？

在经历了第一站的奇妙探险后，小明对经济学家的世界有了初步了解，那些令人着迷的故事与智慧，让他对经济学的奥秘产生了更浓厚的兴趣。在第一站经济学家们的引领下，他迈出了探索的步伐，来到了这个美妙空间的第二站。

这里的景象宛如梦境，五彩斑斓的市场在阳光下熠熠生辉，熙熙攘攘的人群中充满了交易的欢声笑语。小明目不暇接，各种商品琳琅满目，仿佛每一样商品都在诉说着自己的故事。

第二部分
求知启迪思维

　　小明好奇地询问经济学家："这些商品是怎么流通的呢？"经济学家们微笑着解释："这是供需法则在起作用，每个人都有自己的需求，而市场则是满足这些需求的舞台。"小明听得津津有味，心中暗自发誓：未来要深入探索这神秘的经济世界，揭开更多未知的面纱。

田国强爷爷，我听说经济学是研究怎么让钱变多的学问，那我们能不能用经济学的方法，让每个人的零花钱都变得超级多呢？

小明

小朋友，你的想法真有趣！经济学确实能帮助我们理解如何更有效地利用资源，包括金钱。但要让每个人的零花钱都变得超级多，这可不是单靠经济学就能做到的魔法哦。不过，经济学可以告诉我们，通过合理的分配、激励机制和公平的交易，我们可以让社会整体的财富实现增长，这样相对来说，大家的零花钱就有可能变多了。记住，关键是要兼顾效率和公平，这样社会才能和谐发展。

田国强

79

原来如此！那汪同三爷爷，我听说市场里买东西有供需关系，那是不是意味着，如果我想要一个特别稀有的玩具，只要我哭得够大声，需求就变大了，玩具就会变得更便宜呢？

小明

汪同三

哈哈，小朋友，供需关系确实是个重要的经济学概念，但它可不是靠哭声来决定的哦。需求增加确实可能会推高价格，但那是因为真正有购买意愿和购买能力的人变多了。而且，市场上供应的数量也很重要。如果你想要稀有玩具，最好的办法是了解市场，看是否有人愿意出售，或者通过合理的渠道去寻找。记住，经济学是要讲逻辑的，而不是看谁的声音大哦。

80

小明

赵乃抟爷爷，我听说货币很重要，那我们能不能自己在家印钱，想买什么就买什么呢？

赵乃抟

小朋友，你的想法真有意思！货币确实是经济活动中不可或缺的一部分，它帮助我们进行交易和储蓄。但是，货币的价值来自大家的信任和共识，不能随便印哦。如果每个人都自己印钱，那么钱的价值就会大大降低，就像故事里的"石头换鸡蛋"一样，最后什么都买不到。所以，我们有一个叫作中央银行的机构来管理货币的发行，以保证货币的稳定和公平。明白了吗？

看来经济学世界没有我想得那么简单啊！那肯尼斯·约瑟夫·阿罗爷爷，经济学里提到的选择那么多，我有时候好难做决定啊，比如是选择吃冰淇淋还是选择吃巧克力，您能教我一个快速做决定的方法吗？

小明

肯尼斯·
约瑟夫·
阿罗

小朋友，做决定确实是个挑战，尤其是在选择很多的时候。经济学里有个概念叫"机会成本"，它的意思是在做出一个选择时，你放弃的最好的其他选择的价值。比如，如果你选择了冰淇淋，那么你放弃的就是吃巧克力的快乐。在做决定时，试着想想每个选择的长期和短期影响，以及你真正想要什么。有时候，倾听内心的声音，或者列个清单比较一下，也是很有帮助的哦。

81

乔治·斯蒂格勒爷爷，我听说信息很重要，那我怎么知道我在买冰淇淋的时候，有没有被店家骗呢？

小明

乔治·斯蒂格勒

小朋友，你问到了一个关键问题！在信息不对称的市场里，确实有可能遇到不公平的交易。但经济学教给我们，有几种方法可以保护自己：一是多比较，看看不同店家的价格和质量；二是学习，了解你想买的东西的基本知识；三是利用口碑和评价，看看其他人怎么说。记住，作为消费者，你有权利知道真相，也有能力做出明智的选择。如果遇到不公平待遇，记得寻求帮助，维护自己的权益。

82

经济学家们

问了这么多有趣的问题，那小明你知道什么是"自由市场"吗？

自由市场？是让人随便买东西吗？ **小明**

米尔顿·弗里德曼

有点类似，我是自由市场经济的支持者。孩子，或许你能在我们的故事当中找到解释。

自由市场是好事吗？ 〉小明

弗里德
里希·
哈耶克

当然，市场自我调节比政府管控
更好。政府干涉太多，可能会破
坏经济的自我调节能力。

米尔顿·
弗里德曼

我的"货币主义"就是在说明
经济发展和货币供应有很大
关系。

83

听起来政府干涉太多不好？ 〉小明

米尔顿·
弗里德曼

这取决于不同的情况哦！不干
涉也有问题，但在我们看来，
自由市场可以解决大部分经济
问题。可是，也有很多经济学
家不完全同意。

那有谁呢？ 〉小明

马寅初 是我，孩子。我提出"人口论"，提倡计划生育，认为人口增长太快会影响经济发展。我更关注国家在调控经济中的作用。

程恩富 我支持马克思主义经济学，认为政府应该通过调节经济来缩小贫富差距，促进社会公平。

 84

那是不是有经济学家支持政府干预呢？ **小明**

陈翰笙 没错！我是中国早期的马克思主义经济学家，强调政府调控对社会发展的重要性。

萧灼基、洪远朋 我们也是研究马克思主义经济学的，在研究资本主义的弊端时，我们提出要借鉴西方经济学，但也要注意公平。

那经济学家到底是在帮政府还是帮市场呢？

小明

经济学家们

好问题！有些经济学家支持自由市场，比如弗里德里希·哈耶克和米尔顿·弗里德曼等；有些经济学家支持政府干预，比如程恩富、陈翰笙等。我们都是在帮助大家理解两者之间的平衡，这样政府和市场可以更好地为社会服务。

85

听起来经济学比较复杂，但也很有意思！

小明

陈翰笙： 知行合一的学者宗师

他是一位历经晚清、民国与新中国三个历史时期，集革命家与学者于一身的传奇人物，他见证了从清朝末年、北洋军阀、国民政府到中华人民共和国的沧桑巨变。他为中国革命事业、社会科学研究事业、教育事业以及民间外交活动的开展献出了毕生精力，他就是"当代经济学家之父"——陈翰笙。

生平简介及主要贡献

陈翰笙是一位跨学科的杰出学者，其研究覆盖历史学、经济学、社会学、政治学和国际关系学等多个领域。20世纪30年代，他组织了中国历史上规模空前的农村经济调查，被誉为"当代经济学家之父"。

陈翰笙通过深入调查和分析，对中国农村经济进行了系统的研究，揭示了其半封建半殖民地的社会性质，为农业发展道路提供了重要指导。同时，他撰写了众多专著和论文，为相关领域的学术研究作出了重要贡献。在人才培养方面，陈翰笙采用独特的教学方法，注重培养学生的语言能力和思维逻辑，指导培养了众多外事工作骨干。他的贡献不仅体现在学术领域，也对中国社会的变革和发展产生了深远影响。

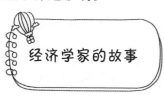

经济学家的故事

"娃娃教授"

陈翰笙先生的历史学造诣，源于其自幼所受的优质教育。陈翰笙的小学时光是在无锡度过的，那里的教育为他日后的研究打下了坚实的基础。毕业后，他随父母迁居至湖南省会长沙，并进入了明德中学继续学习。在这里，他遇到了对他影响深远的历史教师傅荣湘。傅荣湘老师不仅是同盟会的成员，更是一位学识渊博、见解独到的历史学家。在傅荣湘老师的悉心指导下，陈翰笙对历史学产生了浓厚的兴趣。随着时间的推移，陈翰笙的才华逐渐显露。他的母亲注意到了他的天赋，于是决定送他出国深造。在美国，他最初学习的是地质学，后来在接受老师的建议后，他开始研究欧美历史。凭借出色的表现，他获得了到哈佛大学深造的机会，这些经历不仅拓展了他的学术视野，更为他日后在经济史领域的研究奠定了坚实的基础。

陈翰笙的经济学背景与他的革命经历紧密相连。1927年4月，当他的挚友李大钊被捕并处以绞刑时，陈翰笙为了躲避追捕，转道日本奔赴苏联。在那里，他被安排在国际农民运动研究所担任研究员。他深入研究了《资本论》等马克思主义经济学著作，逐渐形成了自己独特的经济理论体系。

就在陈翰笙即将从柏林大学博士毕业之际，时任北京大学校长的蔡元培去欧洲考察，蔡元培对陈翰笙的才华和学术成就给予了高度评价。蔡元培校长邀请他回国担任北京大学教授，当时陈翰笙年仅 27 岁，因此有人称他为"娃娃教授"。

知行合一

20 世纪二三十年代，国内战争风起云涌，关于中国社会性质的论战激烈展开。陈翰笙在苏联避难期间，与国际农民运动研究所东方部部长马季亚尔就中国农村性质问题展开激烈争论。马季亚尔认为中国社会自原始社会解体后，既无奴隶社会，又无封建社会，而是一种由亚细亚生产方式决定的"水利社会"。陈翰笙则坚决反对这一观点，他认为中国农村并非资本主义性质。这种分歧关乎对中国国情的认识、农村社会发展的历史阶段判定以及新民主主义革命的理解。为了揭示中国农村的真实面貌，陈翰笙决心进行全面调查，用第一手材料指导社会改造。他在回忆录中写道："莫斯科的争论虽无结论，但促使陈翰笙下了决心：如有机会，一定对中国农村做一番全面的调查研究。"这之后，陈翰笙的学术思想开始与实践相结合，他开始了他毕生所追求的农村学术事业。

在这种学术思想的指引下，陈翰笙主持中央研究院下设的社会科学研究所，开展了一系列农村调查。作为中共地下党员，他的调查得到了宋庆龄等民主人士的支持。经过精心组织，调查团选择了北方的河北保定农村、长江流域的江苏无锡农村和珠江流域的广东农村作为重点，力求全面反映中国农村社会的面貌。在无锡、保定和广东的农村调查中，陈翰笙采用了阶级分析的方法，将农民按土地关系和雇佣关系分为地主、富农、中农、贫农、雇农五个阶层，该方法为 1950 年《土地改革法》提供理论依据，具有重要历史意义。他的调查资料分类严谨，为后来的农村调查树立了典范。

此后，陈翰笙又相继开展了一系列零散的调查工作。这些调查不仅细致入微，而且其结果都被精心制作成详尽的表格和数据报告。正是通过这些深入的调查与严谨的数据分析，陈翰笙及其农村调查团得以全面掌握中国农村各阶层的土地分配状况，以及错综复杂的封建剥削关系。这些宝贵的资料为中国农村经济研究提供了坚实的依据，让人们对这片广袤土地上的农村生活有了更为深刻的认识。

奋发强国

抗日战争时期，陈翰笙的农村调查工作因战火纷飞而被迫中断。然而，这位不屈不挠的学者并未因此退缩，他毅然决定将自己的经济史学知识投入救国的洪流中。他积极推动战时的工业合作运动，通过组织生产、加强工业与农业之间的合作，为抗战胜利提供了坚实的物质基础。

抗战胜利后，陈翰笙的目光并未局限在国内，他转至印度史学会工作，将经济史学的研究拓展至国际领域。他的研究不仅增进了中国对印度经济史的了解，也为中国经济史学界在国际舞台上赢得了声誉。

新中国成立后，陈翰笙与薛暮桥、许涤新、严中平等学者并肩作战，他们结合各自的农业、工业调查成果，深入研究中国的历史问题。在他们的共同努力下，诸多具体问题和研究领域取得了突破性进展，这为中国经济史学的发展奠定了坚实的基础。

党的十一届三中全会后，陈翰笙教授虽已年过八旬，但他在学术道路上从未停歇。他与薛暮桥、冯和法共同合作，对 20 世纪二三十年代农村调查的结果进行系统整理，编成了《解放前的中国农村（第一辑）》《解放前后无锡、保定农村经济：1929 年至 1957 年》等统计专著。这些专著不仅记录了中国农村的历史变迁，也为后来的研究者提供了宝贵的资料。

陈翰笙以他的坚韧与执着，为中国经济史学的发展贡献了毕生精力，书写了一段传奇的学术人生，他的学术精神将永远激励着后来的研究者们不断前行。

 问题探索

陈翰笙为何被称为"娃娃教授"？他所做的农村调查采用过哪些方法？其精妙在何处？

91

程恩富： 坚定的马克思主义者

程恩富教授坚定认为："当官，应追求下台后的历史名声；治学，应追求去世后的历史名声。这个理念对于在世在位时如何做事做人，如何真正为人民服务、为自己立碑，极有意义。"

生平简介及主要贡献

程恩富主要从事马克思主义政治经济学、中国特色社会主义经济理论、政治经济学、中国经济改革开放发展等领域的研究工作。他被学术界认为是"海派经济学的主要创始人""我国第四代经济学家的代表之一"，以及"改革以来新一代的中青年经济学家"。

程恩富首创了政治经济学"五过程法"新体系，这一体系按照直接生产过程、流通过程、生产的总过程、国家经济过程和国际经济过程来构建，完全打通了传统教科书分为资本主义部分和社会主义部分的内容，为政治经济学的教学与研究提供了新的视角和方法。程恩富在马克思经济学的现代化方面作出了重要贡献。他联合其他大学的研究者，在对现代政治经济学进行数量分析、引进国外马克思主义经济学的创新观点，以及应用现代马克思主义经济学引领经济学的创新等方面进行了深入研究。

理想的种子生根发芽

1950 年，程恩富教授出生在上海的一个铁路工人家庭。他的父亲经常把单位发的一些党政刊物带回家来，程恩富自小便对这些杂志充满好奇，并经常翻阅。那些关于国家、关于理想的文字，悄然在他心中种下了求知的种子。《党的工作》是他最喜爱的刊物之一，上面的文章让他初识了毛泽东的智慧与力量。每当父母在家中谈论时事时，他都会静静地坐在一旁，虽然当时的他懵懵懂懂，但那些话语却像种子一样，在他心中生根发芽。他甚至尝试着学习党中央重要理论文献，尽管他对其的理解有限，但那份对未知世界的好奇与渴望，却愈发强烈。

中学时代，程恩富仿佛打开了一扇新世界的大门。政治理论课程成了他的最爱，每当遇到"唯物论""实践论""矛盾论"等名词，他都会主动思考，积极向老师请教。

93

他的勤奋与好学让他在少年时期就打下了坚实的文字基础，也为他日后的学术生涯奠定了坚实的基础。

然而，命运总是充满变数。程恩富的家庭发生了变故，面对分配工作的选择，他毅然决然地放弃了市区的安逸生活，选择了前往遥远的黑龙江，那里有他心中的一片净土，也是他追寻真理的新起点。在黑龙江北安劳改局七星泡国营农场七分场，程恩富度过了他人生中最为难忘的三年。作为知识青年连队的排长，他不仅是劳动的带头人，更是知识的传播者。他组织读书小组，与伙伴们一同研读《共产党宣言》《国家与革命》等马列经典。尽管这些著作对他来说佶屈聱牙，但他却从未放弃过对真理的追求。他坚信，只有不断学习，才能找到属于自己的道路。

94

之后，《政治经济学（社会主义部分）》的出现仿佛为他的学术之路点亮了一盏明灯。他如饥似渴地阅读着这本书，不断向连长请教问题。那段时光虽然艰苦，但他却收获了前所未有的充实与满足。多年以后，当程恩富成为教授并站在学术的巅峰回望过去，他深知那段知青岁月对他来说意味着什么。他认真地说："治学成功首先要有浓厚兴趣。在一项事业和工作上有没有成就或贡献，首先要看有没有持久的兴趣。有兴趣，就会钻研下去；没兴趣，当然就会敷衍了事。"他以鲁迅、孙中山为榜样，坚信"文科救国与强国"的理念。在他看来，一个国家的强大不仅依赖于实业与科技的发展，更离不开深厚的文科理论和政治基础。正是这份对知识的渴望与追求，让程恩富教授在学术的道路上越走越远。他最终步入了复旦大学的殿堂，攻读政治经济学，并踏上了漫漫的学术征程。

学术的人生一路生花

在上海这座历史与现代交织的城市里，程恩富教授的故事如同一部厚重的经济学史诗，缓缓展开。自幼年起，他就对这个世界充满了无尽的好奇与探索欲，尤其是对中国经济问题的研究，他更是倾注了毕生的心血与热情。

程恩富教授的研究室里总是堆满了各式各样的书籍和论文，他常说："思想应当解放而不僵化，学风应当严谨而不风化。"这句话，不仅是他对自己的要求，更是他对学生、对同行乃至对整个学术界的期许。在他的世界里，学术从不是枯燥无味的理论堆砌，而是充满生命力的探索与创造。他坚持做学术要有新创见，拒绝随波逐流，更不愿闭门造车、顽固不化。他相信，每一种新思想的诞生，都是对旧有观念的挑战与超越，即便这种新思想在初期会遭遇讽刺、批判甚至打击，但只要它能经受住时间的考验，就能证明其合理性。

95

"马克思就是人民经济学家的典范，我们都必须学习他。"程恩富教授常常这样教导学生。在他看来，马克思的学说之所以能够跨越时空，熠熠生辉，正是因为其思想的深刻性与前瞻性。而他自己，也在努力践行着这种精神，不断在学术的海洋中探索前行。

除了对学术的执着追求，程恩富教授还非常注重个人的全面发展。他的座右铭"智商、情商、毅商、健商：成功者四要素"便是对此最好的诠释。在他看来，一个真正的成功者，不仅要拥有聪明的头脑（智商），还要具备高尚的情操（情商），坚韧不拔的毅力（毅商），以及健康的体魄（健商）。为了铭记这一信念，他还特意用毛笔在纸笺上书写下这段座右铭，时刻提醒自己与学生。

在业余时间，程恩富教授最爱的活动便是阅读和打乒乓球。他认为，阅读是获取新知、拓宽视野的重要途径，而打乒乓球则能锻炼身体、保持活力。他坚持每年阅读千篇论文、百本书籍，以此确保自己始终站在学术研究的前沿。同时，他还常常在乒乓球台上与球友们切磋技艺，享受运动带来的乐趣。

在他看来，作为中国经济学家，应当有"三十而立，四十而不惑，五十而知天命，六十而耳顺，七十而从心所欲，不逾矩"的精神境界。他希望自己能够一手抓学术，一手抓健康，为中国和世界人民多贡献一些绵薄之力。程恩富教授的一生，是勤勉治学、无私奉献的一生。他用自己的行动诠释了什么是真正的学者风范，什么是真正的爱国情怀。他的故事将永远激励后来者在经济学的道路上不断前行、探索未知。

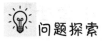

问题探索

了解了程恩富的学习道路，你认为他是一个具有求知精神的人吗？"思想应当解放而不僵化，学风应当严谨而不风化"体现了程恩富教授怎样的学术追求？

97

洪远朋：一个马克思主义的"小学生"

洪远朋教授终其一生沉醉于《资本论》的深邃智慧，不懈探索其理论精髓，将研究此经典著作作为自己学术生涯的主旋律。他在马克思主义政治经济学领域深耕细作，硕果累累，累计出版了 60 余本相关著作，并发表了 360 余篇学术论文，充分展现了他对这一学科的深厚造诣与卓越贡献。但洪远朋总是说："我只是一个马克思主义的'小学生'。我只有一句话——确信《资本论》是马克思主义的百科全书，确信马克思主义万古长青。"

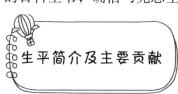
生平简介及主要贡献

洪远朋作为一位在经济学界享有盛誉的学者与教育家，其人生轨迹与学术贡献深刻地影响了无数学子。洪远朋教授出生于一个充满学术氛围的家庭，他自幼便展现出对知识的渴望与追求。在复旦大学毕业后，他选择留校任教，从此与复旦结下了不解之缘。

洪远朋教授在经济学领域的研究广泛而深入，特别是在政治经济学、社会主义经济理论、经济利益理论等方面有着卓越的贡献。在科研方面，洪远朋教授始终保持着敏锐的学术洞察力和严谨的治学态度。他关注社会经济发展的热点问题，积极参与国家科研项目，在党的理论指导下，其研究为国家经济政策制定提供学术支持。同时，他还注重与国内外学者的交流与合作，推动经济学理论的创新与发展。

经济学家的故事

99

信仰的灯塔，照亮前行之路

深植内心的信仰是他毕生坚守的灯塔。半个多世纪以来，他沉浸于《资本论》的研读、教学及普及之中，以生命践行对马克思主义的坚定信念。他广开门户，培育英才，立足中国土壤，深刻思考马克思主义在新时代的命题，率先构建起社会利益理论体系的宏伟框架，成为政治经济学界的领军人物，他就是洪远朋。在中华人民共和国成立七十周年之际，洪远朋接受媒体访谈，将国家辉煌的七十年历程精炼为"马克思主义理论工作者的三重春晓"。他感慨道："我很幸运，每个'春天'都经历了，都参与了，都努力了。"

1956 年，洪远朋响应国家科学发展的号召，以调干生身份考入复旦大学经济系，专攻政治经济学。1961 年本科毕业后，洪远朋师从蒋学模先生，从此与《资本论》结下了不解情缘，开启了长达半个多世纪的深度探索与传承之旅。蒋学模教授治学严谨，强调对《资本论》的逐字逐句研读，包括附注亦不可遗漏。他倡导用通俗易懂的语言阐述深奥理论，这一教诲成为洪远朋的治学之基。1964 年，洪远朋留校任教，在特殊历史时期，他坚持理论研究，系统梳理《资本论》方法论。至今，他已发表马克思主义经济理论著作 60 余部，学术论文 360 余篇，其中关于《资本论》的专著与教材近 20 部，他被誉为"既坚守又创新的马克思主义经济学家"。

"凡事力求完美，言必行，行必果。"这是洪远朋的座右铭，他也因此被誉为"拼命三郎"。在担任经济学院院长期间，他坚持每日到岗，关心青年教师成长，展现了非凡的勤勉与奉献。

他的夫人周建平教授回忆，洪远朋在女儿出生前后，仍坚持每日工作至凌晨，其刻苦精神令人动容。20 世纪 80 年代，洪远朋迎来学术高峰。他独著八篇论文，其《政治经济学入门》荣获全国大奖，还跻身教授之列。他倡导理论通俗化，认为应尊重原著、清晰阐述理论并激发读者兴趣，其《通俗〈资本论〉》一书即此理念之典范，该书一经出版便广受好评，成为其学术生涯的标志性成就。

面对金融危机引发的全球"马克思热"，洪远朋迅速响应，仅用两月便完成《通俗〈资本论〉》的再版修订，推动马克思主义基本原理同中国具体实际相结合、同中华优秀传统文化相结合。该书不仅在市场上畅销，更荣获了多项奖项。即使步入晚年，洪远朋仍笔耕不辍。2017 年《资本论》第一卷发表150 周年之际，他亲自负责《〈资本论〉学习丛书》的撰写工作，并以此作为其一生研究的总结与致敬。他谦逊地表示："我仅是马克思主义的一名'小学生'，坚信《资本论》是马克思主义的宝库，马克思主义将永葆青春。"

101

传道的泰斗，指引学子之路

2021 年一个银装素裹的冬日，寒风瑟瑟，洪远朋教授，一位年近九旬的学界泰斗，缓缓踏入了《共产党宣言》展示馆的大门。展示馆一楼的展览仿佛一幅生动的历史画卷，缓缓展开在他面前，但他心中的那份执着与好奇驱使着他继续向上，迈向二楼的深处。在二楼的展览中，一张张照片静静地诉说着陈望道老校长的那段光辉岁月——教书育人，治学严谨，每一个细节都透露出陈望道老校长对学生的深切关爱与无私奉献。洪远朋教授站在其中一张照片前，目光温柔而深邃，仿佛穿越了时空，与陈望道老校长进行了一场心灵的对话。良久之后，他轻轻转身，对身旁的讲解员说："（陈望道）老校长对学生的那份关爱，如同灯塔一般，照亮了我一生的学术之路。"

在洪远朋教授的眼中，复旦大学不仅是一个汇聚英才的殿堂，更是一片充满生机与活力的学术沃土。这里，师生们相互启迪，共同成长，每一次思想的碰撞都激发出新的火花。他常常回忆起自己年轻时在复旦大学的日子，他那时的每一步成长都离不开恩师们的悉心指导与严格训练。正是这些扎实的基本功，为他日后的学术成就奠定了坚实的基础。而当他有所成就时，他深知这一切并非个人之力所能及，而是团队智慧的结晶。在培养博士生的道路上，洪远朋教授有着自己独特的见解与方法。他乐于让学生参与到自己主持的国家科研项目中，让他们在实践中学习，在挑战中成长。每当夜深人静之时，他的书房总是灯火通明，一篇篇论文在他的笔下被反复推敲、修改。他常说："一篇论文，改上十遍八遍是家常便饭。"正是他对学术研究的这种严谨态度，促使他的学生们在"传帮带"中不断进步并最终成为各自领域的佼佼者。

在复旦大学的校园里，洪远朋教授与夫人周建平教授并肩作战，共同书写着学术的辉煌篇章。他们一直居住在复旦大学凉城路的"博导楼"中，二十多年如一日地坚守在学术的阵地上。每当博士生们来到家中上课，周建平教授都会积极与学生们共同探讨学术问题。他家附近的"章记粥铺"则成为师生们交流思想、共享美食的温馨之地。洪远朋教授对青年教师的培养同样不遗余力。他赠予青年教师四个"一"的寄语——讲好一门课程、主攻一个研究方向、熟练应用一门外语、承担好一项社会工作。这些寄语不仅是对青年教师的期望与要求，更是他自身学术生涯的真实写照。多年后，当洪远朋教授的学生们提起他时，无不感慨万分。他们记得洪远朋教授总是提前一刻钟抵达教室的身影；记得那一摞摞厚厚的讲义上密密麻麻的批注；更记得洪远朋教授对学术的严谨态度与对学生的深切关爱。IMF副总裁、复旦大学杰出校友朱民先生更是铭记着在复旦大学的岁月里，洪远朋教授一字一句教授他们《资本论》的情景。

103

問题探索

洪远朋教授的座右铭"凡事力求完美，言必行，行必果"对你有什么样的启示？

马寅初： 中国人口学的开拓者

马寅初，这位跨越了两个世纪的智慧长者，不仅是经济学界的"常青树"，更是中国人口政策的"预言家"。马寅初立足中国国情，将人口问题纳入宏观经济研究框架，开创了中国特色人口经济学。在他的时代，提起马寅初，人们会说："哦，那位以科学态度揭示人口增长与资源矛盾的学者！"没错，他的《新人口论》就像是给快速膨胀的人口问题开的一剂良方，虽然最初不被广泛接受，但后来证明，他的远见如同埋在时间长河里的宝藏，待到开启时，光芒万丈。

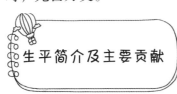

生平简介及主要贡献

马寅初，这位横跨经济学、教育学与人口学的三栖大师，堪称中国现代知识界的"全能选手"。他不仅在旧中国时期参与经济立法工作，更在新中国的建设中大放异彩，担任过多重要职，如中央财经委员会副主任、重庆大学商学院院长及教授、北京大学校长以及浙江大学校长等，每一次角色转换，都给他的人生留下了浓墨重彩的一笔。

马寅初的智慧如同一座丰富的矿藏，他在中国经济学、教育学和人口学等领域贡献了无数真知灼见，因此赢得了"中国人口学第一人"的美誉。他不仅是一位思想的耕耘者，更是行动的巨人，亲手操刀多项金融改革大计。

而马寅初的学术遗产更是厚重而灿烂，《通货新论》《中国银行论》《中国经济改造》《经济学概论》《新人口论》，以及《马寅初经济论文集》上卷和下卷，都是他智慧的结晶，至今仍闪烁着启迪后世的光芒。

经济学家的故事

105

求学足迹与思想启蒙

马寅初的童年时光常以俭朴为伴，其在义父的庇护下长大。每月零花钱虽仅够购买笔墨纸砚，他却不以为意，以油灯代替电灯，独取一稻草之光，照亮夜读时光。朋友来访时，发现他房间里的光线太暗，就又加了一根灯草。马寅初却悄悄地拨开一根，说："请别见笑，我点不起两根。"他的义父得知此事后，便问他为何节省到只用一根灯草。马寅初笑着说："一心向学，光在心，一草足矣。"

马寅初的老师对此更是大加赞许："灯芯一根心中亮，寒窗十载必成人。"

读了几年私塾后，马寅初在 17 岁那年向父亲提出要到上海一家教会学校继续读书。父亲坚决反对："一个识几个字、读过一点书的孩子，将来可以当账房先生，去大城市上学是浪费钱。"父子俩一言不合便吵了起来。最后，父亲让马寅初跪下，马寅初毫不示弱："就算跪下，我也要读书！"在母亲的帮助下，马寅初逃出家门。他一路走，一路生气，最后竟一头扎进一条水流湍急的小河中，好在他及时被父亲的好友救起。在这位朋友的劝说下，马寅初的父亲得知自己的儿子投河是为了学习，最终才松口让马寅初去了上海继续念书。

此后，马寅初又参与创建了中国经济学社，推动经济学术独立化，搭起了经济、学术与企业界的桥梁。到了 20 世纪 50 年代初，马寅初意识到了中国人口快速增长可能出现的问题，他的《新人口论》不仅系统地揭示了人口问题的严峻性，更从经济增长、科技进步、劳动效率提升等多个维度，深入剖析了控制人口的迫切性和重要性，为后来的政策制定提供了宝贵的前瞻思考。

经济洞见与时代追问

马寅初在美国待过多年，精通英文，亦会德文和法文。1951 年，时年 70 岁的马寅初任政务院财政经济委员会副主任，他又开始学习俄语。理由很简单：为了能够研究苏联的经济理论，他必须掌握俄语。有人问他："你年纪大了，记忆力也不行了，为什么还要学外语呢？"他回答说："即使我（的记忆力）不如年轻时，但我相信持之以恒，勤能补拙。托尔斯泰 70 岁学会骑自行车，我 70 岁也能学好俄语。"

在一位懂中文的苏联教师的帮助下，马寅初从俄文字母学起，学发音、背单词、练语法。这位严格的苏联老师每天早晚都会对其进行共两个小时的口试和笔试，还经常批评这位"爷爷级的学生"。马寅初的女儿回忆说："他每天都要做功课，经常做作业到深夜。"马寅初甚至在上班路上和出差途中都会背单词、做作业。他还摸索出了一套英、俄、汉三种语言交叉学习的方法——把三种语言的句法写在一起，找出它们之间的异同，这大大提高了他的学习效率。

107

就这样，经过 3 年勤学苦读，年逾七旬的他以惊人的毅力掌握了俄语。他不仅能阅读俄文经典，还能用俄语对话，甚至可以在苏联报纸上发表文章。

虽然马寅初幼时家庭条件不好，但这并没有浇灭他对学习的热情。正如宋濂在《送东阳马生序》中写道："余幼时即嗜学。家贫，无从致书以观，每假借于藏书之家，手自笔录，计日以还。"马寅初也是这样"嗜学"的人，拥有"吾生也有涯，而知也无涯"的学习品格，"一物不知，深以为耻，便求知若渴"的求知精神。他做到了无论学习环境如何、无论自己年纪多大都坚持学习，是真正的活到老、学到老！

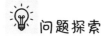 问题探索

你知道《新人口论》吗？可以用自己的语言简单阐述一下吗？

田国强： 从数学转向经济学

田国强是经济学界的"桥梁建造者"，他致力于将中国的经济改革与西方的市场经济理论连接起来，在坚持社会主义市场经济方向的前提下，借鉴现代经济学分析方法。他以制度经济学见长，强调制度和激励机制在经济发展中的关键作用。作为复旦大学经济学院的领军人物，他不仅推动了中国经济学教育的国际化，还通过独特的研究和见解，为中国的改革开放提供了智力支持。他像一位经济"工程师"，用制度设计铺设了一条通向现代化的经济高速路。

109

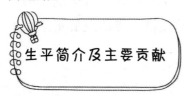

生平简介及主要贡献

1982 年，田国强凭借不懈的努力与深厚的功底，荣获华中工学院（今华中科技大学）数学硕士学位。随后，他远赴重洋，在美国明尼苏达大学深造，并于 1987 年成功获得经济学博士学位。

归国前，田国强教授在美国德州 A&M 大学担任终身正教授。田国强教授以其严谨的治学态度、深厚的学术功底和前瞻性的研究视角，在国际经济学界赢得了广泛的赞誉与尊重。2004年，他毅然决定回国，出任上海财经大学经济学院院长及高等研究院院长，致力于将国际先进的经济学理念与中国的实际情况相结合，推动中国经济学教育与研究的发展。

　　作为 *Annals of Economics and Finance* 的共同主编以及 *Frontier of Economics in China* 的领航者，田国强教授不仅在学术领域深耕细作，更积极搭建国内外学术交流与合作的桥梁，促进了中国经济学界与国际学术界的紧密联系与深入合作。尤为值得一提的是，他主导的上海财经大学"经济学创新平台"项目，以其独特的创新理念与实践模式，成功吸引了大量高层次人才的加盟，推动了经济学教育与科研的深刻变革，为国家"优势学科创新平台项目"的建设树立了典范，为中国乃至全球经济学界的发展贡献了不可磨灭的力量。

经济学家的故事

求知的足迹与思想的沉淀

在乡村的悠悠三载时光里，田国强不仅担任了知青队长与工作组的重要成员，更以满腔热血和不懈奋斗，成为众人眼中的楷模。他勤勉不辍，从不轻言懈怠，即便是在那艰苦卓绝的环境中——在一年之中，他仅有春节三日得以稍事休憩，其余时间皆沉浸于繁重的劳作之中，每日辛勤耕耘至少十小时，农忙时节更是高达十八小时以上，其坚韧不拔的毅力令人动容。

111

作为下乡知青，田国强深知农民生活的艰辛，他们往往食不果腹，贫困交加，而他本人亦曾有长达半年之久未尝荤腥。这段经历非但没有磨灭他的热情，反而让他与农民之间结下了不解之缘，即便日后远赴重洋，成为学界翘楚，他也依然心系那片土地，每逢机会，他必返故乡探望昔日友人，深情厚谊跨越时空。

更为宝贵的是，这段下乡岁月赋予了田国强一项独特的能力：他能在极短时间内与陌生的百姓建立起和谐融洽的交流，这份亲和力与洞察力无疑是他日后学术研究与社会调研中的宝贵财富。

这段知青经历如同磨砺石，不仅锤炼了田国强吃苦耐劳的精神，强健了他的体魄，更让他深刻洞察了社会的底层生态，体会了生活的艰辛与农民的贫困。这份经历如同火种，点燃了他心中"先天下之忧而忧"的社会责任感，让田国强矢志不渝地为农民发声，祈愿国家昌盛、人民富足。

研究的路途与理论的探索

改革开放之初，田国强怀揣着对知识的渴望与对未来的憧憬，毅然选择了求学之路。在田国强看来，知识改变命运，即便是在田间地头，知识也能发挥巨大作用。即使面对父亲的不解，他仍坚定自己的信念，最终，在母亲的全力支持下，他跨越重重障碍，踏上了求学之路，开启了人生新的篇章。在华中工学院（今华中科技大学）获得数学硕士学位后，他选择了去美国留学。

田国强的个人兴趣颇为广泛，除了深耕自己的专业领域，他最大的爱好便是沉浸在各类经典书籍的海洋中。在国内时，他便已是一位博览群书的读者，赴美之后，他的阅读视野又拓展到了时政、社会与人文科学等领域，这些领域在他早年专攻数学时并未过多涉足。

抵达美国之初，他通过国际比较研究，深化了对中国发展阶段性特征的认识，他坚信，在党的全面领导下，制度优势与人才战略协同发力才是决定一个国家实现富强与长治久安的根本所在。这一深刻见解，让他更加坚定了从自然科学（物理、数学）向社会科学，尤其是经济学领域转型的决心。

从此，田国强踏上了新的学术征途，他不仅在经济学领域深耕细作，更将自己在自然科学中积累的严谨思维与逻辑分析能力巧妙地融入社会科学的研究之中。他的每一次探索，都是对未知世界的勇敢挑战，也是对自己内心信念的坚定守护。而这一切的起点，正是那个充满震撼与痛苦的初到美国之旅，以及由此引发的深刻思考。

在学术领域内，田国强在机制设计理论、动态经济学和一般均衡理论等方面作出了重要贡献。在对 1990—2000 年全球著名的 1 000 名经济学家的论文发表数和论文引用次数的排名中，田国强分别位居华人经济学家中的第 4 位与第 6 位。2006 年，田国强被《华尔街电讯》列为中国十大最具影响力的经济学家之一。同时，他还结合自己的专业深入探讨了中国经济改革，出版了《中国改革》一书，对中国经济改革提出了独到见解，也回应了他对中国经济的思考。

 问题探索

在抵达美国之初，面对中国与美国之间的不同，田国强是如何思考的？他又为自己的祖国做出了哪些努力？

汪同三：能让数据"说话"的经济学家

用数字编织经济的未来图景，能让数据"说话"，这是汪同三身为计量经济学家的本领。他是中国最早一批投身数量经济学的探路者，他用复杂的经济模型构建起预测经济风云的"超级计算机"，不仅拿下了中国第一个数量经济学博士学位，还以优异成绩完成了学术突破，成为学术界的"超新星"。

在他的思想下，那些冷冰冰的数据仿佛被赋予了生命，变成了解读国家经济脉动的关键密码。他参与建立的中国宏观经济计量模型，就像是给中国经济安装了一个"透视眼"，让政策制定者能更清晰地看到经济的过去、现在与未来。他的工作就像是在为国家经济做"体检"，哪里有潜力，哪里有问题，一目了然。

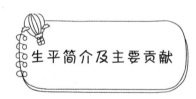

生平简介及主要贡献

　　汪同三，一位穿梭于经济理论与实践丛林的领航员，不仅是我国著名的计量经济学家，同时也是中国社会科学院学部的智囊团成员，昔日掌舵中国社会科学院数量经济与技术经济研究所，引领学术风向。

　　汪同三的研究领域宽广，从宏观经济理论的深海，到数量经济方法的密林，再到经济建模与预测的精准靶场，他都是那把最锐利的剑。20世纪80年代，他参与了美国学者的模型研制合作项目，铸就了中国宏观经济计量模型的里程碑，并以此为基，启动了总理基金项目，成为一位中国经济的"天气预报员"。他的学术研究不仅触及理论预测，更深深扎根于解决实际经济难题的土壤之中。

　　汪同三的学术征途，是"第一"与"破格"的交响曲：中国首批数量经济学硕士的荣耀，首个数量经济学博士的桂冠，破格晋升的传奇，首套本土设计的中国经济模型构建的参与者，首位将"大道理论"引入国内技术进步与产业结构分析的探索者，以及首批学部委员的殊荣，每一项都是他璀璨学术星空中一颗闪亮的星。

经济学家的故事

在"夹缝"中学习英语

汪同三七十余载的人生旅程，犹如一部跌宕起伏的小说，每一个章节都记录着他与数量经济学不解之缘的深刻邂逅。在那些人生的岔路口，仿佛有一只无形的手，指引他一步步踏入这片充满挑战与机遇的学术领域。

回忆往昔，汪同三常提及父亲对他的深远影响："是父亲引领我走进英语世界的大门，那是在 20 世纪五六十年代，俄语风行之时，父亲却独具慧眼，鼓励我学习这门少数人掌握的语言。"父亲的远见卓识在当时或许令年轻的汪同三困惑，但在岁月流转中证明了其非凡价值。自学英语的路途上，一本北京外国语大学的英语教材成了他的启蒙教材。父亲的"哑巴英语"无法教授他发音，他便借助书中的口型图攻克发音难关。

117

在组建内蒙古生产建设兵团期间，汪同三去往了内蒙古的广阔天地，那里虽条件艰苦，却意外地为他的英语学习提供了机会——通过收听广播中的英语节目学习英语。尽管进度缓慢，却也为他点亮了一盏求知的灯。直到一次夜间，汪同三偷听节目被队长撞见，虽然他机智地应付过去了，但他的这段学习之旅不得不暂时中断。

回归北京的日子里，协助父亲汪敬虞编纂《中国通史》的经历，意外地为汪同三打开了经济学的窗扉。在那些手稿间穿梭的日子里，明清时期的"朝贡贸易"，以及"摊丁入亩""火耗归公"等经济史实，悄然在他心中埋下了经济学的种子。

在"学海"中不断汲取

历史的车轮滚滚向前。1978 年，高考恢复，汪同三怀抱物理学梦想踏入考场，却因年龄因素，被命运安排进了北京师范学院（今首都师范大学）数学系。然而，在他的学术生涯中，受其父亲的熏陶，他将数学与经济学进行了巧妙融合，这使他拥有了超越单一学科的视野——既深谙数学的严谨逻辑，又洞察经济的复杂脉络。

最终，毕业之际，恰逢中国社会科学院数量经济与技术经济研究所成立，汪同三凭借其积累的知识与饱满的热情，成为中国最早一批踏上数量经济学硕士研究生征程的幸运儿，从此，他的名字与中国乃至世界的经济学发展紧密相连。

时光回溯至 1990 年，汪同三在中国社会科学院研究生院摘取了经济学博士学位的桂冠，而这仅仅是他辉煌学术征程的序章。早在 1986 年，他就已迈入中国社会科学院数量经济与技术经济研究所的大门。1989 年，他以破竹之势成为副研究员。1991 年，他已站在经济模型研究室的指挥台上，次年更是双喜临门——研究员的身份与研究所所长助理的重任一并加身。1995 年至 1997 年，他稳步前行，担任研究所副所长。直至 1998 年至 2011 年，汪同三全面掌舵研究所，引领航向。而 2006 年的学部委员荣誉，更是对他卓越贡献的官方认证。

汪同三热衷于将自己的毕生所学，特别是从事数量经济学三十多年的宝贵经验，慷慨地传递给年轻一代。他常常对学生们强调，治学之道有四宝：其一，书山有路勤为径，尽管互联网信息丰富，但它永远不能完全替代书籍的深度与广度，正如马克思在大英图书馆留下的足迹，那是勤奋与坚持的象征，值得每位学者效仿；其二，外语是打开世界大门的钥匙，学习外语不在于涉猎多少种语言，关键在于精通，要让外语成为探索知识的利器；其三，经济学不仅是理论的简单堆砌，它还应当接地气，服务于现实生活，为民众福祉添砖加瓦；其四，保持开放心态，积极汲取国内外的先进理念和技术，特别是在数量经济学这个日新月异的领域，更要紧跟国际步伐，不断革新自我。

119

汪同三的学术生涯是一连串偶然与必然交织的奇妙旅程。年轻时虽资源有限，他却能把握每一次机会，刻苦钻研，终成大器。他勉励今天的青年学子，要珍惜现有的优越的学习环境，不仅要感恩于时代的馈赠，更要勇于自我挑战，在学习与反思中不断成长，以实际行动诠释"学以致用"的真谛，为自己，也为社会书写一段段有价值的人生篇章。

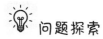 问题探索

　　汪同三所提倡的"治学之道有四宝"分别是哪四宝？这给你带来了哪些启示？

萧灼基："三书先生"的读书之义

如果你能穿梭回 20 世纪八九十年代的北大校园，你会看到这样一位教授：他站在讲台上，眼中闪烁着对知识的热忱，谈吐间透露出对经济改革的无限憧憬。他便是萧灼基，那个在黑板上书写着复杂理论，却又能让每一个公式跃然生动起来，触及学生心灵的人物。他的故事，是关于勇气与远见的。在学术与实践的交响曲中，萧灼基用一生诠释了何为"知行合一"，他的经历就像一部精彩的经济学探险记，让人在感叹之余，更多了一份对知识的渴望与敬仰。

萧灼基不仅是立足中国实践的经济学家，还是推动理论大众化的探索者。他倡导的经济理念，影响了一代又一代的决策者和学者，他让理论不再是冰冷的文字，而是推动社会进步的动力。

121

生平简介及主要贡献

萧灼基，一位在经济学界熠熠生辉的领航员，既肩负北京大学经济学院教授、博士研究生导师的重任，又同时掌舵北京市场经济研究所。他的学术生涯始于1953年至1959年在中国人民大学计划经济系的求学之旅，这段学习经历为其后的学术探索奠定了坚实基础。1985年，他晋升为正教授。1986年，他经国务院学位委员会批准成为博士生导师，这标志着他在学术领域的卓越成就。

萧灼基涉猎的学术领域宽广，涵盖对马克思主义政治经济学的深度剖析、社会主义宏观经济的精密解读、发展战略的高瞻远瞩，以及金融与证券市场的前沿探索。他是一位宏观经济问题的深度洞察者，尤其在经济体制转型的理论探讨上贡献卓著。

萧灼基的学术著作包括《萧灼基选集》《萧灼基文集》《中国经济热点问题研究》《中国宏观经济纵论》《社会主义再生产理论研究》《提高经济效益，实现宏伟战略目标》等，每一部都是他深邃思想的结晶，为中国乃至世界的经济学界贡献了宝贵的知识财富。

经济学家的故事

追求知识，强国富民

萧灼基自幼沐浴在充满书香的家庭环境中，他天赋异禀，勤勉好学，成绩斐然。少年时代，他便怀揣着"以知识为舟，强国富民"的梦想。1950 年 3 月，16 岁的他破格成为汕头市各界人民代表会议代表，展现出了超越年龄的见识与担当。

1953 年秋，凭借卓越的成绩，萧灼基踏入中国人民大学的大门，他选择了计划经济系的政治经济学作为学术起点。在校期间，他如饥似渴地汲取知识，成绩名列前茅。因表现突出，三年后，他被直接推荐攻读研究生，有幸师承宋涛、苏星、张朝尊等国内经济学巨擘，以及苏联马克思主义学说史专家卡拉达耶夫。这期间，他对马克思主义政治经济学进行了深入挖掘，奠定了坚实的理论根基，精通了全面的经济学知识体系。1959 年 7 月，他以优异成绩毕业。

毕业之后，萧灼基踏上了北京大学的讲坛，开始了他的教学生涯。从教几十余载，历经风雨，他始终是一名默默奉献的教师。在这段漫长岁月里，他不改初心，矢志不

123

渝，即使面对逆境，也未曾放下育人的使命。在北京大学燕园的岁月里，他笔耕不辍，著作等身，培育了一批又一批经济学的栋梁之材，为北京大学增添了荣耀，也为中国经济学界赢得了骄傲。

1981 年，《北京大学学报》上发表了他的文章《关于改革经济管理体制的若干设想》，文中首次系统性地提出了国有企业"所有权与经营权分离"的创新思路，为国企改革搭建了坚实的理论平台。他的"价格运行弹性论""公有制与市场经济的和谐共融论""证券市场与社会主义的契合论"等一系列开创性理论在学术界和经济实践中引发了广泛反响，引领了新的思考潮流。

萧灼基敢于挑战传统观念，呼吁"重新定义社会主义"，明确提出"生产资料所有制改革是经济体制变革的关键"，并且强调在商品经济体系中应强化市场机制的作用。这些振聋发聩的观点，对当时的经济理论与实践产生了深刻且长远的影响，彰显了他的远见与胆识。

教书育人，"三书主义"

萧灼基，这位中国经济舞台上的教育巨擘与学术明星，为国家的人才蔚起与学术繁盛绘下了浓墨重彩的一笔。半个世纪以来，他矢志不渝地献身于党的事业和教育的沃土，在经济、金融的广袤天地里深耕细作，培育了无数栋梁之才。他思想开放，秉持"真理不分国界，科学无禁地，探索无止境，争鸣无尊卑"的理念，视创新为学术研究的生命之源，擅于激发学生勇于独立思考，敢于标新立异、推陈出新。一身正气的他赠予学生们的那句"从政为官要清廉，下海经商要守法，科学研究要创新，待人做事要真诚"成了学生们心中的行为指南针。

他自称为"三书先生"，是"三书主义"的践行者："读书以启智，教书以育人，写书以传世，我用一生的光阴，专注于每一页篇章。"在五十余载的教学生涯里，萧灼基留下的不仅是丰富的著作，更是卓越的学术成就。

面对荣誉加冕，萧灼基却淡然视之，他认为最为珍贵的是："辨是非，守真理，创理论；忘名利，淡人生，以爱学生、友人、家人。"不论面对逆境或辉煌，他总能以豁达的心态，胸襟开阔，坦然处之。

学习，对他而言，是一场无止境的自我探索之旅，它拓宽了青年的思维宇宙，开启了青年的心智之窗，擦亮了观察世界的双眼，净化了灵魂的源泉。所有的智慧、才能与技能，皆源于勤学不辍。萧灼基的故事，正是从小立志求知、强国富民，通过不懈奋斗，在经济学领域里开辟出一片天地的生动写照。

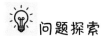 问题探索

你心中的"三书先生"应该具有哪些品质？萧灼基敢于挑战传统观念，你自己曾有过这种经历吗？

赵乃抟： 献身学术的一生

"东方欲晓，莫道君行早。踏遍青山人未老，风景这边独好。"从沙滩红楼，到"一塔湖图"，北京大学是学术圣地，也是精神家园。园子里的人，不管是读书，还是教书，都有属于自己的故事，也都在思考自己从园子里得到了什么，会为这个园子留下些什么。凭借一代代学人的积累、传递，学术前辈们的品行风范、精神信念，仍然感染和激励着我们。而赵乃抟就是出自北京大学的这样一位学者。

127

生平简介及主要贡献

赵乃抟是一位著名的经济思想史专家。他毕业于北京大学法科经济学系，获文学学士学位。他于 1923 年赴美国哥伦比亚大学攻读经济理论，在哥伦比亚大学，他先后取得文学硕士学位和哲学博士学位。其后，他在北京大学担任经济学系教授长达 55 年，其间担任系主任达 18 年。

在学术领域，赵乃抟关注西方经济思想史和中国经济问题，综合研究了欧美经济思想，并对中国的经济现实进行了深入分析。他的教学风格注重实践与理论相结合，引入西方前沿经济学知识，同时关注中国现实问题，为学生提供了广阔的学术视野，并让学生打下了扎实的知识基础。

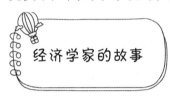

学术之光，教育之魂

1986 年，正当赵乃抟以八十九岁的高龄，夜以继日地从事《披沙录》最后一卷的定稿工作时，不幸脑病发作，经抢救无效，于北京逝世。

这位来自浙江杭州的杰出学者，毕生致力于追求学术的真知。赵乃抟自小便展现出对知识的渴求。他以极其优异的成绩考入北京大学预科，随后升入北京大学法科经济系深造。1923 年，他凭借卓越的表现，赢得了公费赴美留学的宝贵机会。然而，命运似乎与他开了个玩笑，北洋政府对公费的拖欠和克扣使他在异国他乡不得不靠勤工俭学来维持学业。但赵乃抟并未屈服于困境，他凭借坚定的意志和不懈的努力，成功获得了博士学位。

1930 年，赵乃抟载誉而归，并担任北京大学的研究教授和经济系主任。他深知教育的力量，因此在主持北京大学经济系期间，他坚持兼容并包的办学原则，为学生们提供了一个广阔而多元的学习平台。赵乃抟的课堂总是座无虚席，他讲授的"经济学原理""经济思想史"和"经济理论"等课程深受学生喜爱。但他并不满足于传统的资本主义经济制度研究，早在 1936 年，他就提出经济学研究应关注新旧经济制度的交替，强调其相对性，并认为经济政策应以人民的福祉为出发点。为此，赵乃抟积极引进、增设马克思主义经济学等课程，并亲自为学生们讲授"社会主义"课程。在西南联大任教期间，他的"社会主义"课程备受欢迎，吸引了众多学生前来聆听。

除了课堂教学，赵乃抟还非常注重实践教育，他将经济调查作为经济系的必修科目。他亲自带领学生前往青岛、塘沽等地进行经济调查，让学生们能够更直观地了解现实经济问题。他在西南联大期间指导经济学社，积极引导学生们关注国家大事。

129

探寻经济，思想巨擘

赵乃抟作为西方经济思想史的专家，在新中国成立后，一直在思索如何更有效地为我国学术文化事业添砖加瓦。当时，中国经济思想史的研究尚处于起步阶段，急需从原始的文献资料中挖掘和整理。自 1952 年起，赵乃抟便投身中国经济思想史原始资料的收集与整理工作。

1953 年，赵乃抟受邀与毛泽东主席和周恩来总理一同前往中南海怀仁堂观看《萧何追韩信》的演出。演出结束后，他兴奋地表示："我深感这台戏蕴含着深意，毛主席和周总理期望我们知识分子在社会主义建设中发挥更大的作用。"深受鼓舞的赵乃抟决定投身当时尚显空白的中国经济思想史研究中，以此"肩负起整理祖国文化遗产的重任，回报党的关怀"。

面对浩如烟海的古籍和繁杂的史料，年近六旬的赵乃抟却毫不退缩。他深知要想真正深入研究，必须先做好史料的整理工作。他立下决心："只要还有时间，我便会全力以赴。我愿做淘沙者，做拓荒人，为后来的研究者铺路架桥。"他还期望自己离世后，能将这部作品存放在北京大学图书馆，为后世所用，那样他便"死而无憾"了。于是，赵乃抟毅然决然地从欧美经济学史转向中国经济思想史的研究。他修订了研究计划，着手进行资料的汇编工作，计划将分散在古籍中的经济思想资料进行系统整理，并编纂成一部大型学术专著。

为了广泛搜集史料，赵乃抟常常前往北京图书馆（今国家图书馆）借书，或是到国子监、隆福寺的旧书摊上"淘书"。有时，为了找到一部关键的史料，他需要付出极大的努力。例如，他在研究过程中发现明代邱濬所著的《大学衍义补》补充了原书《大学衍义》中关于财政、经济方面的内容，这对他的研究至关重要。为了找到这本书，他跑了无数旧书店，整整留意了十年之久，最终在《明经世文编》中找到了相关资料。

在文献的海洋中，赵乃抟如一位探险家般发掘着湮没的宝藏。他不仅对《四库全书总目提要》等经典文献进行了反复研读，还善于从各种书籍中捕捉线索，发掘出有价值的史料。有一次，他在阅读马克思的《资本论》时，注意到马克思在谈到货币问题时引用了清代王茂荫的论述。为了找到王茂荫的相关专著，他广泛查阅了清代史料，并在一位学生的帮助下找到了《王茂荫奏稿》。

赵乃抟以惊人的毅力阅读了大量古籍，其中不乏几十卷到百余卷的巨著。由于这些书籍多为缩印本，阅读起来极为费眼，他不得不借助放大镜逐行阅读。如今，我们仍能从他的书籍中看到密密麻麻的批注和注解，这是他对中国经济思想史深入研究的见证。在抄录史料的过程中，赵乃抟极为严谨。每抄录一段完整的史料，他都会反复阅读整章内容，确保充分理解后再动笔。他将这些史料整理在大小各异的卡片上，大的如 16 开本般大，小的仅有书页的一半。这些卡片上的字迹工整如蝇头小楷，行列整齐、标点分明，几乎看不到涂改的痕迹。据统计，这些卡片共有8 000 多张，总计有数百万字。若由他人誊写，恐需 4 年有余才能完成。

问题探索

为了广泛搜集史料，赵乃抟做出了哪些努力？你觉得最为触动你的一点是什么？你是否有过如此求知若渴的时刻呢？如果有，请举例。

弗里德里希·哈耶克： 自由主义者的一生

他，是自由市场的坚定守护者；他，坚信自由市场的力量能够带来经济的繁荣与社会的进步。他就是弗里德里希·哈耶克。他是自由市场理论的代表性学者，其价格理论揭示了市场信息传递机制的核心作用。

生平简介及主要贡献

弗里德里希·哈耶克的学术之旅，如同一场跨越国界的精彩旅行，他在伦敦政治经济学院、芝加哥大学及弗赖堡大学的讲台上，播撒着智慧的种子，成为奥地利经济学派不可或缺的灵魂人物，同时他与芝加哥学派紧密相连，共同绘制了经济学的壮丽图景。他提出的价格信号理论如同经济海洋中的灯塔，指引着个体在复杂经济活动中协调前行，这一创见被誉为经济学领域的璀璨明珠。

值得一提的是，1974 年，弗里德里希·哈耶克与贡纳尔·默达尔一同荣获诺贝尔经济学奖，这是对他们在货币政策与商业周期研究上开创性贡献的至高赞誉，更是对他们深刻洞察经济、社会与制度间微妙互动的肯定。

弗里德里希·哈耶克在 20 世纪经济学界具有重要影响力。他的理论诞生于 20 世纪 30 年代大萧条与战后计划经济思潮兴起的特定历史背景，其理论在西方引发争议，部分学者认为其对政府作用的否定存在局限性。其力作《通往奴役之路》全球销量数百万册，不仅成为自由主义的经典之作，更引发了人们对计划经济与自由市场的广泛讨论。

岁月悠悠，荣誉加身。1984 年，英国以名誉勋位表彰弗里德里希·哈耶克对经济学研究的卓越贡献；1991 年，美国总统乔治·赫伯特·沃克·布什更是亲自授予他总统自由勋章，以颂扬他"终身的高瞻远瞩"。弗里德里希·哈耶克的一生，是追求真理、捍卫自由的一生，他的思想与精神将永远激励着后来者前行。

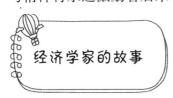

经济学家的故事

用智慧照亮世界

1899 年 5 月 8 日，维也纳——这座奥匈帝国璀璨的文化之都，迎来了一个非凡生命的诞生，他就是弗里德里希·哈耶克。他出身于一个知识底蕴深厚的贵族家庭，其祖父与外祖父皆为学界泰斗，父亲则以医者仁心兼济苍生，更在植物学的海洋中留下智慧的涟漪，家族因世代功勋而荣获波希米亚贵族之誉。

命运的巧妙安排，让弗里德里希·哈耶克与哲学巨擘路德维希·维特根斯坦结下了不解之缘，他们是血脉相连的表亲，更是心灵相通的挚友。幼时，弗里德里希·哈耶克的母亲常携他踏入维特根斯坦的学术殿堂，两颗年轻的心灵在哲学的浩瀚星空中碰撞出璀璨的火花。当维特根斯坦的《逻辑哲学论》初露锋芒时，弗里德里希·哈耶克有幸成为首批见证者，这份启迪深刻影响了他日后的学术轨迹。

135

在青春的懵懂与探索中，弗里德里希·哈耶克踏入了亚里士多德的伦理学花园，他虽然在开始时遭受父亲以进化论与费尔巴哈哲学为引的质疑与挑战，但这股求知的热情却如野火燎原，不可遏制。彼时，他虽未正式踏入经济学的殿堂，却已对社会主义思潮抱有浓厚兴趣，而拉特瑙的作品则悄然在他心中播下了经济学的种子。与此同时，在维也纳国家剧院的舞台上，戏剧之光也悄然照亮了他的心灵，戏剧艺术成为他青春岁月中一抹亮丽的色彩。

然而，历史的洪流将弗里德里希·哈耶克卷入了第一次世界大战的漩涡。1917 年，未及弱冠之年的他毅然中断学业，披上戎装，成为奥匈帝国炮兵团的一名英勇士官长。在意大利的硝烟与炮火中，他不仅在侦察飞机上以无畏的勇气守护和平，更因这份英勇荣获了荣誉的勋章。尽管他后来因疾病导致听力受损，但疾病与困苦未曾击垮他，反而更加坚定了他的意志。

战后，弗里德里希·哈耶克站在了人生的十字路口，最终选择了以笔为剑，以学术为舟，誓要探索出一条通往和平与繁荣的道路。他深情地回顾道："正是那场残酷的战争，让我深刻意识到政治结构的力量，也激发了我成为学者的决心。"从此，他踏上了用智慧照亮世界、用学术构建未来的征途。

用学术构建未来

一天，弗里德里希·哈耶克正在图书馆里看书，阳光透过古老的窗棂，洒在他专注的脸庞上。他正埋头于一本泛黄的经济学著作，书页间夹杂着他精心标注的笔记，每一行都透露出他对自由市场理念的深入思考。

这时，好友弗里兹·马赫卢普的突然到访，像一股清新的风，吹散了图书馆的宁静与沉闷。马赫卢普手持的不仅是那张珍贵的国际学术会议邀请函，更是对弗里德里希·哈耶克学术探索的肯定与鼓励。他深知弗里德里希·哈耶克那些关于价格信号和经济协调的独到见解，若能在国际舞台上展现，必将引起巨大的反响。

　　为了这次演讲，弗里德里希·哈耶克几乎是废寝忘食。他不仅在图书馆里翻阅了大量资料，还亲自走访市场，与商人、工人交流，收集第一手的数据与案例。每一个夜晚，维也纳的灯火逐渐熄灭，弗里德里希·哈耶克的房间却总是灯火通明，他在书桌前反复推敲着每一个论点，力求让演讲内容既严谨又生动。

　　终于，那个激动人心的日子来临了。站在国际学术会议的讲台上，弗里德里希·哈耶克面对着来自五湖四海的学者，他的心中既有紧张也有期待。他深吸一口气，开始了他的演讲。从价格信号的微妙作用，到市场机制的自我调节能力，再到自由市场如何促进资源的最优配置，他的每一个观点都如同利剑出鞘，直击要害。

　　起初，会场内确实存在着一些质疑与不解的声音，但弗里德里希·哈耶克凭借着其深厚的学术功底和敏锐的洞察力，逐渐赢得了听众的认同与尊重。他的话语如同磁石一般，吸引着每一个人的目光与思绪。当演讲结束时，整个会场爆发出雷鸣般的掌声，这是对他学术成就的最高赞誉。

　　这次经历对弗里德里希·哈耶克来说，无疑是一次巨大的鼓舞与激励。这不仅让他在学术上取得了更加辉煌的成就，更重要的是，让他更加坚定了自己的信念——自由市场与价格机制是推动社会进步与繁荣不可或缺的力量。

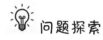 问题探索

　　一战的经历使弗里德里希·哈耶克在人生路口做出了怎样的选择？哪些事对你有深刻影响？

米尔顿·弗里德曼：20世纪最具影响力的经济学家之一

米尔顿·弗里德曼是一个巨人，在推动美国经济自1940年顺利发展的过程中所起的作用方面，20世纪的经济学家中还没有谁可以与他相提并论。

——保罗·萨缪尔森（1970年诺贝尔经济学奖获得者）

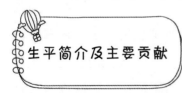

生平简介及主要贡献

139

米尔顿·弗里德曼是20世纪最具影响力的经济学家之一，他的贡献跨越了宏观经济学、微观经济学、经济史、统计学等多个领域，并因其坚定的自由市场经济立场和深刻的货币理论而广受赞誉。

米尔顿·弗里德曼重新整理了现代货币数量论，强调货币供应量的变化是影响经济活动的关键因素。他提出持久收入假说，打破了凯恩斯的绝对收入假说，对消费行为的研究产生了深远影响，因此获得了1976年诺贝尔经济学奖。米尔顿·弗里德曼坚信市场机制能够有效地分配资源并促进经济增长和社会繁荣，他反对政府的过度干预，主张将政府的角色最小化以让自由市场运作。

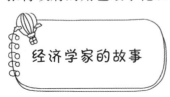

"林间抉择"：米尔顿·弗里德曼的经济学传奇

在一个充满奇遇的森林里，有一片神秘的"黄色树林"，这片树林中有两条截然不同的路，它们正对着年轻而迷茫的米尔顿·弗里德曼。他站在路口，望着这两条路，心中默念着罗伯特·弗罗斯特那首诗——《未选择的路》："黄色树林分出两条路，可惜我不能同时涉足。我选择人迹少的那条，从此一切都变得不同……"在面对选择时，我们往往无法预知每条路的结果，因此必须根据自己的直觉、信念和勇气来做出决定。一旦做出选择，我们便需要坚定地走下去，即使这条路上充满了未知和挑战。

时光荏苒，多年后，当米尔顿·弗里德曼已是经济学界的璀璨巨星，他还总爱回忆起这段"林中抉择"。1912年的盛夏，他在纽约布鲁克林呱呱坠地，仿佛命运早已为他铺就了一条星光大道。他说，自己的一生就像是被一连串幸运之星串联起来的奇迹。

高中时代，米尔顿·弗里德曼遇到了他的"数学启蒙导师"，一位总能将几何与济慈的诗句"美即是真，真即是美"巧妙融合的神奇老师。那句诗，像一把钥匙，为他打开了通往智慧世界的大门。米尔顿·弗里德曼家境贫寒，打工的日子苦不堪言，而另一把钥匙，则是他奋力争取来的罗杰斯大学奖学金，这让他得以在知识的海洋中遨游。

说到打工，不得不提那个让他又爱又恨的"免费午餐"故事。在一家宿舍旁的餐厅，他用辛勤的汗水换来了每日的温饱，但代价是匆匆忙忙的午餐和时常错过的课堂。特别是那门欧洲史课，因迟到过多，他生平第一次尝到了"C"的滋味。老师的训斥如同当头棒喝："米尔顿·弗里德曼，你到学校是来学习的，不是来当服务生的！"这句话后来成了他广为流传的名言——"天下没有免费的午餐"。

141

另一次关键的学术机遇，是他在数学与经济学之间的抉择。本欲深耕数学的米尔顿·弗里德曼，在与经济学老师的一次次深入交流中，被这门探索社会运行规律的学科深深吸引。伯恩斯和琼斯两位恩师，如同指路明灯，照亮了他前行的道路，也让他收获了一生的友谊。

1932年，站在人生又一个十字路口，米尔顿·弗里德曼面临着布朗大学应用数学与芝加哥大学经济学的选择。他笑称，自己差点用掷铜板的方式来决定命运。最终，他选择了芝加哥大学，也选择了成为经济学家的道路。正如他所说："我走过的路，或许不是最冷清的，但它无疑塑造了我的人生。"

大萧条时期的美国，是米尔顿·弗里德曼经济学研究的最佳舞台。他试图解开经济衰退、失业高企和资源闲置的谜团，这一过程中，他愈发坚定了自己的学术方向。在芝加哥，他遇到了维纳等一众大师，尤其是维纳的课程，为他构建了坚实的经济理论基石。而在这段学术旅程中，他还意外收获了爱情——与罗斯·迪雷克特的相遇，让两人的生命紧紧相连，他们共同书写了经济学与爱情的双重传奇。

最终，米尔顿·弗里德曼不仅成为经济学界的巨擘，还与罗斯携手，撰写了多部影响深远的著作，他们的故事也被传为佳话。两人相互扶持、陪伴，直到米尔顿·弗里德曼离世，那句"我除了时间，什么都没有了"的深情告白，让人动容。这段人生旅程，正如那场"林中抉择"，每一个选择都引领着他走向了一个更加精彩的未来。

星途蜕变：米尔顿·弗里德曼的信仰与颠覆

在经济学界浩瀚的星空中，米尔顿·弗里德曼的轨迹犹如一颗晚熟的星辰，最终绽放出耀眼的光芒。他的转变之路，更是一部从信仰到颠覆的传奇故事。

与那些早年便崭露头角的学术巨擘如康托罗维奇、库普曼斯等相比，米尔顿·弗里德曼的学术之旅显得更为曲折而富有戏剧性。起初，在罗格斯大学的文学学士生涯并未预示着他未来会成为经济学界的巨擘。直至他踏入芝加哥大学，获得硕士学位，并投身于罗斯福新政的洪流之中，担任公共建设项目的具体执行者，那时的他，是凯恩斯主义的忠实信徒，深信政府干预能够引领经济走出困境。

143

然而，命运的转折往往藏在不经意的瞬间。十年的政府与经济部门的工作，以及芝加哥大学研究助理的历练，让米尔顿·弗里德曼的视野逐渐开阔，他的心中也悄然种下了质疑的种子。1946 年，哥伦比亚大学的博士学位虽是他学术生涯的又一里程碑，但真正让他与凯恩斯主义分道扬镳的，是他内心深处对实证精神的执着追求。

1953 年，米尔顿·弗里德曼的《实证经济学方法论》横空出世，如同一枚震撼学术界的炸弹，他主张经济学应摆脱主观价值的束缚，追求客观规律的揭示。这一观点，不仅为他赢得了"弗里德曼检验"的学术声誉，更预示着他即将踏上的叛逆之旅。1947年，一个决定性的转折点出现了。米尔顿·弗里德曼加入了弗里德里希·哈耶克领导的朝圣山学社，这个汇聚了自由主义思想精英的殿堂，成了他思想蜕变的催化剂。在这里，他深刻感受到了自由市场与有限政府的力量，对凯恩斯主义的信仰开始动摇。

而真正让他与凯恩斯主义彻底决裂的，是1963年与安娜·舒尔茨合作的《美国货币史1867—1960》。这部鸿篇巨制不仅是对近百年美国货币史的深刻剖析，更是货币主义理论的巅峰之作。米尔顿·弗里德曼以铁证如山的数据，揭示了货币供应量与经济活动之间的微妙关系，颠覆了凯恩斯主义关于大萧条成因的传统解释。

在《美国货币史》中，米尔顿·弗里德曼以实证的力量，挑战了凯恩斯主义的权威。他指出，货币政策的失误，才是导致大萧条的根本原因，而非单纯的总需求不足。这一结论如同一记重锤，击中了凯恩斯主义的要害，也宣告了货币主义新时代的到来。

岁月流转，当米尔顿·弗里德曼迎来90岁寿辰，时任美联储主席本·伯南克在学术演讲中，认可了米尔顿·弗里德曼对经济大萧条中货币政策失误的分析。米尔顿·弗里德曼，这位从凯恩斯主义的支持者转变为坚定反对者的经济学家，用他的智慧与勇气，书写了一段关于信仰、怀疑与重生的传奇篇章。

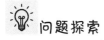

问题探索

　　"天下没有免费的午餐"背后蕴含着什么故事？你是怎么理解这句话的？

145

肯尼斯·约瑟夫·阿罗： 人生的曲折掩盖不了人性的光辉

"整个人类社会也正是一个合作的世界。为了学术上的荣誉与成就，或是为了事业上的成功，我们无时无刻不在相互竞争；但追根究底，让社会不断前进的动力，乃是我们由以往成功甚至是失败的无数先例中所学习到的知识。"

——肯尼斯·约瑟夫·阿罗

生平简介及主要贡献

肯尼斯·约瑟夫·阿罗是20世纪最具影响力的经济学家之一。他的职业生涯遍布多所顶尖学府，包括芝加哥大学、斯坦福大学和哈佛大学等。他曾任教于这些大学，并在麻省理工学院、剑桥大学等世界著名大学担任客座教授和客座研究员。

肯尼斯·约瑟夫·阿罗在一般均衡理论方面作出了开创性的贡献。他与法国经济学家杰拉德·德布鲁共同建立了"阿罗–德布鲁一般均衡模型",该模型为现代经济学提供了重要的分析工具。肯尼斯·约瑟夫·阿罗在社会选择理论领域也取得了杰出的成就。他在博士论文和著作《社会选择与个人价值》中提出了著名的"阿罗不可能定理",该定理揭示了在社会选择过程中存在的内在矛盾和困境。

经济学家的故事

从街头到学术的无垠星空

1900 年,肯尼斯·约瑟夫·阿罗的父母移民来到美国,并在纽约安定下来。他父亲年轻之时经营事业可说是一帆风顺,因此肯尼斯·约瑟夫·阿罗 10 岁之前的生活非常舒适,更重要的是,他家里有许多好书。然而,"大萧条"的阴影很快笼罩了这个家庭,父亲的职业生涯遭遇重创,大概有十年的时间里,肯尼斯·约瑟夫·阿罗的家境都是一贫如洗。然而无论生活如何颠沛流离,他始终保持着对知识的渴望。

在汤森哈里斯高中,肯尼斯·约瑟夫·阿罗找到了他的挚爱——数学。这所公立高中以"每天多上一小时的课"而闻名,但他却乐此不疲。他喜欢在数学的世界里遨游,那些看似复杂的数字和公式,在他眼中却如同美妙的音符，演奏出一曲曲动人的乐章。1936年，当他从这所高中毕业时，家庭的经济状况依然窘迫。幸运的是，他获得了免收学费的纽约市立学院的青睐，踏上了求学之旅。在大学里，他原本梦想成为一名高中数学老师，因此他选择了数学和教育学作为主修课程。然而，教育学的课程并未激发他的热情。更糟糕的是，由于数学教师资格考试的申请者过多，纽约市暂停了此类考试，他的教师之梦随即破灭。

在学院里，肯尼斯·约瑟夫·阿罗遇到了他一生的好友兼启蒙者——理查德·费曼。理查德·费曼是个混世魔王般的数学家，后来还获得了诺贝尔物理学奖。他们经常一起讨论数学和物理问题，参加各种数学竞赛和研讨会，友谊深厚，一直持续到理查德·费曼去世。他曾感慨地说，理查德·费曼教会了他如何用数学来解决实际问题，而不仅仅是停留在抽象的概念上。

1940年，肯尼斯·约瑟夫·阿罗考入了哥伦比亚大学，继续深造数学。在这里，他遇到了一些影响他一生的老师和同学，其中最重要的是经济学家哈罗德·霍特林。霍特林是一位将数学和经济学紧密结合的先驱，他在一般均衡理论、福利经济学、社会选择理论等方面都有重要贡献。肯尼斯·约瑟夫·阿罗对霍特林充满了敬佩之情，他的教导让肯尼斯·约瑟夫·阿罗深刻理解了经济学的本质和方法。然而，命运总是充满变数。1941年，肯尼斯·约瑟夫·阿罗获得了哥伦比亚大学的硕士学位，并打算继续攻读博士学位。但第二次世界大战的爆发打断了他的计划，他应征入伍，成为一名空军气象学家。在服役期间，他仍然没有放弃学习，他利用空闲时间阅读了大量经济学的著作，特别是卡尔多、希克斯、伯格森等人的作品。这些阅读让他对经济学的兴趣和热情逐渐增长。

1946年，肯尼斯·约瑟夫·阿罗退伍后重新回到了哥伦比亚大学，继续攻读博士学位。他的论文题目是《社会选择和个人价值》，在这篇论文中，他提出了一个著名的定理——阿罗不可能性定理。这个定理对社会选择理论、福利经济学、政治理论等领域都产生了巨大的影响，他也因此获得了博士学位，并于1957年荣获了约翰·贝茨·克拉克奖。约翰·贝茨·克拉克奖是美国经济学会颁发给40岁以下最有前途的经济学家的奖项，该奖项的获得也是肯尼斯·约瑟夫·阿罗学术生涯中的一个重要里程碑。回望前半生，从纽约到哥伦比亚，从数学的启蒙到经济学的创新，肯尼斯·约瑟夫·阿罗的旅程充满了探索和挑战。他用自己的才华和努力，在数学和经济学的世界里留下了深刻的足迹。

149

从困惑到荣耀的学术之旅

当肯尼斯·约瑟夫·阿罗踏入哥伦比亚大学的大门，他仿佛走进了一个全新的世界。在这里，他有幸成为统计学大师霍特林的弟子。"当我修习他的数理统计课程时，我仿佛找到了自己的灵魂归宿。"肯尼斯·约瑟夫·阿罗曾这样回忆道。他深感自己已经找到了真正的专长所在，那种兴奋与激动，如同泉水般涌上心头。然而，当他转入经济系后，却一度感到懊恼。他希望自己能够写出一篇既符合老师期望，又能为自己赢得荣誉的博士论文。但命运似乎与他开了一个玩笑，中途的四年服役生活打断了他的研究计划，这让他感觉既浪费时间又一无所获。

但谁又能想到，这四年的服役生活却悄然为肯尼斯·约瑟夫·阿罗的第一项重要成就——社会选择理论埋下了伏笔。他观察到，大企业的决策应该能够反映出众多股东的意志，但股东们对未来的预期却各不相同。于是，他设计出了一个巧妙的机制，帮助企业在众多投资方案中做出选择。这个机制不仅在企业决策中大有作为，还在其他领域也展现出了广泛的应用价值。

而让肯尼斯·约瑟夫·阿罗获得诺贝尔经济学奖的理论——一般均衡理论，则是他在哥伦比亚大学师从的另一位老师瓦德那里接触到的。回忆起这段经历，他曾笑道：

"我也不知道自己是如何得知这个有待解开的问题的。只记得我曾问过瓦德在这个问题上的研究成果，他却说这是一个非常困难的问题。"

肯尼斯·约瑟夫·阿罗曾用一个生动的例子来解释一般均衡理论：20 世纪 30 年代，人们在得克萨斯州和波斯湾地区发现了石油，油价因此变得非常低廉。这一变动引发了连锁反应：家庭从使用煤转向使用石油，导致煤矿工人的就业水准下降；炼油厂迅速扩张，雇用了更多的劳工；同时，由于炼油涉及复杂的化学程序，又产生了对炼油机器设备的需求，进而对专业化学工程师以及钢铁的需求增加。油价便宜了，汽车的购买与使用也更为普遍。这一系列的变化相互影响、相互制约，形成了一个复杂的均衡体系。

151

肯尼斯·约瑟夫·阿罗深知，要解开这个均衡体系的秘密，就必须求解一大组方程式。其中每一个方程式都代表着个别商品市场上的供给等于需求。他提出的疑问是：这些方程式是否必然有单一解存在？为了求解这个问题，他将人生中很重要的一部分时间都用在了研究和发展一般均衡理论上。他的努力与坚持，终于为他赢得了诺贝尔经济学奖的殊荣。

 问题探索

　　肯尼斯·约瑟夫·阿罗用一个生动的例子来解释一般均衡理论，你理解了吗？你能尝试用生活中的例子来阐述一般均衡理论吗？

乔治·斯蒂格勒： 成为经济学家的演化之路

乔治·斯蒂格勒擅长揭示政府干预和市场竞争中的隐秘故事。他以监管俘获理论著称，该理论指出那些应该监管企业的机构，反而可能被企业所"俘获"，成为他们的帮手。他的思想让我们明白了市场与政府关系中的微妙博弈，乔治·斯蒂格勒也因此获得了1982年的诺贝尔经济学奖，他凭借独特的视角揭示了市场力量的潜在真相，证明了"谁看起来在管你，未必真的在管你"。

153

生平简介及主要贡献

乔治·斯蒂格勒，美国知名经济学家、经济史学家，芝加哥大学教授，他与另一位经济学巨匠米尔顿·弗里德曼并肩站立，共同引领了著名的芝加哥经济学派，这个学派在当时以其对自由市场的坚定信仰和对经济理论的深刻洞察而闻名。乔治·斯蒂格勒是1982年诺贝尔经济学奖获得者，同时也被誉为信息经济学和管制经济学的重要开拓者，其监管俘虏理论首次系统分析了企业与监管者的利益关联。米尔顿·弗里德曼赞誉乔治·斯蒂格勒是"以经济分析方法来研究法律与政治问题的开山祖师"。

经济学家的故事

求学之路

乔治·斯蒂格勒的故事，是一个关于自我发现、不断学习与最终在经济学领域留下深刻烙印的旅程。乔治·斯蒂格勒的起点很普通，他在西雅图成长，并接受了当地的教育。他的求学之路虽然曲折，却也充满了坚持和转变。历经 22 年，他从最初选择的较为"实用"的商业课程转向经济学，并最终在芝加哥大学取得博士学位。

他在自传中曾经说过："我自己缺乏判断力，父母受到的正规教育也很有限，没有能力给我指引方向，所以我选了很多'实用'的商业课程和政治学，但没有学过数学或其他自然科学。后来我相信一种说法，那就是如果可以用数字来表示在一个领域钻研的程度，那么大学和研究所的训练程度，可能是一与八之比，我自己的经验就是证明。"

不过，很幸运的是在求学的不同阶段，乔治·斯蒂格勒都遇到了很多良师益友。在伊利诺伊州的西北大学，他的老师是既干练又善于启发学生的经济学者伍德伯格（Coleman Woodbury），受他的鼓励，乔治·斯蒂格勒决定以学术作为终生职业。1933年，乔治·斯蒂格勒进入芝加哥大学攻读博士学位。芝加哥大学聚集了一批顶尖的经济学家，在这里，乔治·斯蒂格勒遇到了三位至今他仍认为是非常杰出的经济学家：奈特、西蒙斯以及一年后从美国财政部返回校园的威纳。同时，他还在芝加哥遇到了一些才华横溢的同学和朋友：弗里德曼和沃利斯，他们对乔治·斯蒂格勒的学术思想产生了深远影响，这为他后来的学术成就铺垫了道路。而芝加哥大学也成了乔治·斯蒂格勒学术生涯的转折点。

155

人生的高光时刻

乔治·斯蒂格勒于1938年获得博士学位，其博士论文于1941年出版，论文首次认真地探究了1887年以来新古典主义生产和分配理论演变的轨迹。该论文一经出版，就被誉为经济学思想史上的划时代之作。尽管诺贝尔奖主要表彰了他的产业结构和市场功能研究，但乔治·斯蒂格勒在信息经济学领域的开拓性工作同样不容忽视。他敏锐地意识到信息在经济决策中的关键作用，填补了经济学理论在此方面的空白，这一贡献直到今天仍对经济学研究有着深远的影响。

1982 年，他因对产业结构、市场功能及公共管制的原因和效应的创造性的研究而获得诺贝尔经济学奖。虽然诺贝尔奖的颁奖词并没有提到乔治·斯蒂格勒在信息经济学方面的贡献，但信息经济学实际上是他理论创新的核心所在。在 20 世纪 50 年代之前，很少有著名经济学家系统地探讨经济主体在一个信息是有限且昂贵的世界上收集信息的问题。然而，乔治·斯蒂格勒先行一步，填补了这一空白。此外，乔治·斯蒂格勒对产业结构的贡献在于将严谨的微观理论应用于对现实世界现象的分析。他不仅关心开发漂亮的新模型，更关注检验理论的内涵。他不是通过大量使用数学工具，而是通过严谨的态度、富有洞察力的科研素质来得出理论创见的。

少年好学，终成大器。乔治·斯蒂格勒用自身经历告诉我们，学习是一场漫长的旅行，其中包含不断地尝试和不断地修正错误。即使在早期的选择上走了"弯路"，只要持续学习、勇于反思，总能找到属于自己的道路。他对知识的渴望、对现实问题的深入分析，以及不依赖繁复数学工具而依靠深刻洞察力进行理论创新的精神，都是值得我们学习的宝贵财富。学而好思，而后进步。乔治·斯蒂格勒鼓励我们要有自我驱动力，不断探索和挑战自己的边界。在学习的旅途中，不仅要积累知识，更要学会自我反思，找到自己的兴趣所在，最终将这份热爱转化为推动社会前进的力量。记住，每个人的学习之路都是独一无二的，正是这些不同的经历和探索塑造了我们，让我们有能力为世界带来积极的改变。

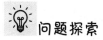 **问题探索**

乔治·斯蒂格勒是如何一步步走向诺贝尔经济学奖的？这对你未来的学习道路有哪些指引？

157

在经历了前两站的奇妙探险后，小明和经济学家们终于来到了本次奇幻之旅的终点站。这里宛如一个梦幻的乐园，绚丽的色彩在阳光下闪烁，空气中弥漫着泥土和麦穗的清香。眼前是一片广阔的田野，金色的麦穗随风起伏，宛如海浪般翻滚。小明的心中充满了期待与兴奋，他知道这一站将揭开更多经济学的秘密。

第三部分

探索点亮世界

　　小明穿过一条蜿蜒的小径，沿途摆满了各种别具一格的摊位，每个摊位背后都有动人的故事。小明看见小商贩们热情地推销自己的商品，听着他们分享关于供需、价格和价值的道理，耳边仿佛响起了知识的乐章。他的眼中闪烁着光芒，他在心中暗自发誓要在这片知识的海洋中尽情遨游，探索每一个未知的角落。

　　此刻，他感受到了求知的无限魅力，期待着在这最后一站收获更多的智慧与启迪。

和经济学家聊成长：勤学与好问

经济学家们〈 最后一站我们来聊点更有趣的，比如与"经济学和日常生活"有关系的那些经济学家。你还觉得我们经济学家只研究钱和市场吗？

是呀，不就是研究买东西和卖东西吗？ 〉**小明**

160

加里·贝克尔〈 其实不完全是哦！我就是研究经济学在日常生活中的应用的，我们研究的东西很有意思，比如教育、家庭、犯罪等和我们生活息息相关的东西。

哇！经济学还能研究犯罪？ 〉**小明**

加里·贝克尔〈 犯罪也是一种经济选择，犯罪分子会权衡违法的成本和收益，然后决定是否去冒险。听起来是不是挺有趣的？

好像是在说犯罪分子也会像买东西一样，算自己能不能赚到？

小明

加里·
贝克尔

对，就是这种思路！我用经济学的思维解释了生活中的很多事情，包括婚姻、教育，甚至健康呢。

好有意思！那骆耕漠爷爷，我听说经济学里有个词叫"价值"，那是不是意味着我画的画虽然看起来不够精美，但因为我花了好多时间，所以它其实价值连城呢？

小明

小朋友，你的想法真有意思！在经济学里，价值确实是个重要的概念，但它不仅仅取决于你花了多少时间哦。我们所说的"价值"，更多是指商品或服务能满足人们需求的能力，还有市场上大家愿意为它支付的价格。你画的画虽然花了很多时间，但如果大家不喜欢或者觉得没什么用，那它的经济价值可能就不高。不过，艺术价值是另一回事，有时候，即使画得不太符合常规，但如果有创意和情感表达，它在艺术领域里也可能很有价值。所以，价值是多方面的，关键要看你怎么定义和看待它。

骆耕漠

原来如此！那张薰华爷爷，我听说经济学是研究怎么赚钱的，那如果我有个超级棒的想法，比如发明一个能自动做作业的机器，我是不是就能成为百万富翁了？

小明

张薰华

162

小朋友，你的想法真有创意！不过，经济学不仅仅是研究怎么赚钱的，它更多是研究关于如何合理分配资源，满足人们的需求的。你的自动做作业机器听起来很有趣，但想要成为百万富翁，还需要考虑很多因素哦。比如，市场需求、技术可行性、成本投入、法律许可，等等。而且，创新往往需要时间和耐心，不一定能立刻赚钱。不过，如果你真的有这个想法，不妨试着去研究，去尝试，说不定能开辟出一片新天地呢！

还有其他经济学家是研究与生活相关的问题的吗？

小明

乔治·
阿克尔洛夫

有啊！我研究的是"市场中的信息不对称"。比如，当你去买二手汽车的时候，卖家可能知道车有什么问题，但你不知道，这就叫"信息不对称"。我的研究帮助大家理解为什么有时候市场会失灵。

哦，我明白了，比如我买二手手机，卖家知道手机是否有问题，但我不知道，这不公平！那在二手市场中，政府能做什么呢？

小明

163

托马斯·
谢林

我研究的是"博弈论"和"冲突中的谈判"，帮助政府和企业在面对复杂情况时做出更好的决策。比如，研究冲突中的策略选择，为和平谈判提供理论支持；或者如何让市场参与者更好地合作。

听起来很厉害，中国有没有经济学家研究这些问题？

小明

张培刚 〈 我提出了发展经济学的理论，帮助中国找到更好的发展路径。

吴易风 〈 我也是研究发展经济学的专家，帮助大家理解如何通过政策推动经济增长。

发展经济学是什么？ 〉小明

张培刚 〈 孩子，不如来书中找答案吧，发展经济学领域的专家们都在书里等你。

那卓炯爷爷，我听说经济学里有个词叫"计划经济"，那是不是意味着我们可以提前计划好每天吃什么，玩什么，然后就不用动脑筋了呢？ 〉小明

卓炯

小朋友，你的想法真逗！计划经济确实是一种经济制度，但它可不是用来计划你每天吃什么，玩什么的哦。计划经济更多是指通过国家指令，进行资源配置。它需要根据社会的整体需求和资源状况，制定合理的发展计划和政策。当然，在实际生活中，我们也需要做计划，比如学习计划、生活计划等，但这与计划经济是两个不同的概念。做计划是为了更好地安排时间和资源，提高效率和生活质量。而计划经济则是更宏观、更复杂的经济活动哦！

原来经济学家不仅研究市场，还研究生活中的很多问题啊！

小明

经济学家们

是的，经济学不仅仅是一门关于钱的学问，它涉及我们生活中的方方面面。无论是教育、健康、犯罪，还是宏观经济、市场治理，都离不开经济学家的智慧。

听完这些，我越发觉得经济学挺有意思的！简·丁伯根爷爷，我听说经济学里有个词叫"均衡"，那是不是意味着我考试的时候，只要考个中等分数，就不用太努力，也不用太担心了呢？

小明

小朋友，你的理解有点偏差哦。经济学里的均衡是指市场上的供求关系达到平衡的状态，而不是说你可以懈怠或者满足于现状。考试也一样，均衡不是指考中等分数，而是指你努力学习和考试结果之间的一种平衡状态。如果你不努力，成绩可能会下滑；如果你过于紧张，也可能影响发挥。所以，找到适合自己的学习方法和节奏，保持心态平和，才是最重要的。记住，均衡是一种动态平衡，需要不断调整和努力哦！

166

简·丁伯根

我记住了！罗伯特·卢卡斯爷爷，我听说经济学里有个词叫"理性预期"，那是不是意味着我只要想想自己将来想成为什么样的人，然后照着做，就一定能实现呢？

小明

罗伯特·卢卡斯

理性预期并不是那么简单哦。在经济学里，理性预期是指人们根据现有信息和过去的经验，对未来经济情况做出的合理预测。它确实能帮助我们做出更好的决策，但并不是说只要想想就能实现。要实现自己的梦想，除了理性预期外，还需要付出努力，坚持不懈，并且要不断学习并适应环境的变化。记住，理性预期是帮助我们规划未来的工具之一，但真正的成功还需要靠自己的努力和行动哦！

167

骆耕漠： 骆驼勤耕种， 沙漠换绿洲

祖国的未来是靠我们的，我的力气不好只能在专业上帮助国家。想让历经沧桑的国家走上光明正道，也必须把经济振兴起来。我将用尽毕生所学，贡献给我的祖国。

——骆耕漠

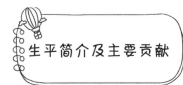
生平简介及主要贡献

骆耕漠（1908—2008），原名丁龙孝，是我国著名马克思主义经济学家。早年就读于浙江省立甲种商业学校（浙江工商大学前身），后投身革命。抗战期间，在浙、皖南等地从事地下抗日工作，并担任中共多项要职。新中国成立后，曾任中共中央华东局财经委员会副主任、原国家计划委员会副主任、全国人大常委会办公厅副主任等职，并兼任多所大学教授。他在经济学领域贡献卓越，著有《社会主义制度下的商品和价值问题》等多部重要作品，其经济理论收录于《骆耕漠集》。2008年，骆耕漠在北京逝世，享年百岁。

骆耕漠的理论和实践跨越了多个时期，从新中国成立之后到二十世纪八九十年代，他在社会主义经济建设事业与政治经济学基本理论研究方面进行了许多探索，对商品、价值、货币等基本理论范畴提出了新见解。特别是在生产劳动理论与服务理论上，他深入研究了生产劳动理论与服务理论，在数十年的实践经验与理论思考的基础上，对人类社会三种经济形态的演变规律进行了系统的理论再思考。

经济学家的故事

169

悲惨童年抹不尽少年锐气

在一个被岁月轻抚的小镇上，隐藏着一段关于坚韧与梦想交织的童年传奇，主人公名叫小丁，但命运的笔触为他勾勒了另一个更广人所知的名字——骆耕漠。这个名字的寓意如同他坎坷而又辉煌的人生旅程，充满了不屈与希望。

故事发生在风景如画的临安於潜的横山头脚下的一个小村庄里。横山头村的自然环境淳朴，村中有一口老井和一棵大樟树，这些地标性建筑见证了骆耕漠的童年时光。村民们至今仍对骆耕漠的名字和他的故事津津乐道，认为他是村里的"挖井人"，为后人树立了榜样。1908年的一个春日，小丁伴随着晨曦降临，但他的到来并未能留住母亲周德娣温柔的目光，她的生命如同绚烂却短暂的烟花，在小丁的生命中留下了永恒的遗憾。父亲丁步松面对生活的重压，忍痛将小丁托付给了三姐丁淑梅。从此，他改名为李政，这个名字背后藏着无尽故事。

然而，在养母的屋檐下，小丁并未找到期盼中的温暖。那些本该属于孩子的欢笑与拥抱，常常被冷漠与误解替代。一次，养母因牌局而爽约于他的小小期待，让他初次尝到了被忽视的滋味；而另一场关于铜板的误会，更是像一场突如其来的暴风雨，让他感受到了人间的冷漠与无情。但正如山谷中的野花，即便在最贫瘠的土地上，也能顽强绽放，年幼的小丁在逆境中磨砺出了坚韧的品格。

幸运的是，在骆家庄的某个角落，一个被小丁称呼为"吴妈妈"的人的怀抱如同一缕温暖的阳光，穿透了小丁心中的阴霾。在那里，他仿佛找到了久违的母爱，那是他童年中最宝贵的记忆之一。每当夜深人静，他都会悄悄在心底描绘着吴妈妈的笑容，那是他勇往直前的力量源泉。

与骆耕漠命运相仿的，还有那位以笔为剑的诗人艾青。他们都像是被命运捉弄的孩子，却在逆境中找到了自己前进的方向。艾青以《大堰河，我的保姆》一诗，深情地怀念着给予他母爱的农妇，那份感激与怀念跨越了时间与血缘，成为永恒。而骆耕漠也在自己的征途上，以不懈的努力和坚定的信念，书写着属于自己的篇章。

　　尤为幸运的是，骆耕漠拥有一位深爱他的父亲。在追求知识与理想的道路上，父亲是他最坚实的后盾。无论是求学路上的默默支持，还是危难时刻的奋力营救，父亲的身影始终陪伴在他左右。五岁那年，骆耕漠踏入了私塾的大门，开始了他的求学生涯。在那里，他不仅要诵读《百家姓》《幼学琼林》这些传统经典，还接触到了算术、体操等新鲜的知识。这些课程像一扇扇窗，为他打开了认识世界的新视角。随着年岁的增长，骆耕漠对知识的渴望愈发强烈，尤其是那些引人入胜的古典小说，如《薛仁贵征东》《太平天国》等，成了他课余时分的最爱。这些书籍像一把把钥匙，解锁了他对历史的想象与好奇，但也因长时间的阅读，导致他的视力问题愈发严重。之后骆耕漠在於潜县立高等小学完成了基础教育，这段学习经历为他日后的学术成就奠定了坚实的基础。在历史的长河中，骆耕漠的名字或许只是浪花一朵，但他所展现的精神与力量，却如同璀璨星辰，永远照亮着后来者的道路。

无情岁月却暗藏风骨梦想

　　故事发生在浙江省立甲种商业学校的校园里，那时的骆耕漠还是一名青涩的学子，但他的心中已燃烧着不灭的革命之火。在国民革命时期，骆耕漠化名李抗风，秘密组织进步青年反抗国民党当局的压迫。在校园内，他以智慧和勇气构建联络网络，如同商海中的舵手，于危机中开辟革命道路。然而，革命的道路从不平坦。当骆耕漠因叛徒出卖不幸被捕入狱，他并未屈服于黑暗。在那冰冷的铁窗内，他一边与敌人斗智斗勇，一边如饥似渴地阅读，自学成才，仿佛是在上"自修大学"，他用知识的光芒照亮自己的心灵世界。

出狱后，骆耕漠化身为正义的笔杆，在上海《中华日报》的编辑部里，他挥毫泼墨，写下了《美亚工潮始末》《水旱灾的"交响曲"——中国水利经济的解体》等震撼人心的文章，这些文章如同一把把锋利的匕首，刺破了社会的虚伪与黑暗，促进民众觉醒。而在面对"何梅协定"这一卖国协议时，他更是连续三个通宵查阅资料，奋笔疾书《轰动全国的华北走私案》，文章如惊雷般炸响，被多家报纸转载，成为时代的强音。

但骆耕漠的英勇远不止于此。在抗日战争的烽火中，他放下笔杆，拿起经济的武器，成为一名运筹帷幄的幕后英雄。他接管江淮银行，发行"江淮币"，调遣物资，建立供给学校，为前线战士筑起了坚实的后盾。在淮海战役的硝烟中，他更是以非凡的组织能力和坚韧不拔的精神，确保了部队的物资供应，为战争的胜利立下了汗马功劳。

然而，和平年代的到来并没有让骆耕漠停下脚步。他依然以笔为剑，在中国科学院经济研究所的书斋里继续深耕经济学领域，用马列主义的光芒照亮中国经济的未来。他的研究成果如同巍峨的高山，令人仰望。

他的一生，是革命与学术交织的壮丽篇章。他生性豁达乐观，即便在逆境中也不失风骨。在"五七"干校的日子里，他与妻子唐翠英相濡以沫，更以宽广的胸怀周济同事朋友。他与顾准的深厚友谊，在那个风雨飘摇的年代里显得尤为珍贵。他默默地为顾准奔走呼号，最终换来了顾准的清白，这份情谊如同璀璨的星辰，照亮了彼此的人生。骆耕漠的一生，是革命与学术的双重奏响，是勇气与智慧的完美融合。他用自己的行动诠释了什么是真正的勇士和学者，也为我们留下了一段段感人至深、发人深省的故事。

173

💡 问题探索

骆耕漠面对命运的困境时，是如何坚持不断学习和追求真理的？这对你面临困难时有什么启示？

吴易风： 逆境中的璀璨星光

北京大学的王志伟教授曾赋诗这样评价吴易风教授："易风移俗有思想，遍栽桃李为兴邦。老骥伏枥志高远，耄耋之年著华章。东风化雨入心田，理论实际紧相连。各派观点择精华，马恩星火代代传。"

生平简介及主要贡献

吴易风于 1955 年考入中国人民大学经济系，1959 年本科毕业后留校任教。他曾荣获世界马克思经济学奖、吴玉章人文社会科学终身成就奖、国家级优秀教学成果一等奖、全国高等学校首届人文社会科学研究优秀成果一等奖、北京市优秀教学成果一等奖、资深翻译家等多项奖励。

吴易风教授在马克思基本原理方面作出了显著贡献，特别是在劳动价值论、经济学研究对象、产权理论、经济增长理论及数学模型等多个领域进行了深入发展。他强调坚持与发展的统一，避免将马克思理论教条化，同时指出马克思理论在产权研究上的先见之明。在经济学研究对象上，他明确区分了马克思经济学与西方经济学的根本分歧，坚持用马克思主义立场、观点、方法批判吸收西方理论成果，强调生产方式与生产关系的重要性。通过挖掘《马克思恩格斯全集》中的产权理论，他确认了马克思作为产权理论先驱的地位。在经济增长理论方面，他不仅详细梳理了马克思的理论框架，还建立了相应的数学模型。此外，他还与合作者共同编写了《马克思经济学数学模型研究》，丰富了马克思经济学的数量关系分析方法。

经济学家的故事

175

贫寒农家与学术殿堂

吴易风教授诞生于江苏省高邮市临泽镇汲水村的一户贫寒农家，他因家境的拮据未能步入正规的小学与中学殿堂，而是在村中一位德高望重的老先生所办的私塾中启蒙心智。目睹同龄孩童在正规小学里学习算术与自然常识，他心中燃起了强烈的求知欲，遂向双亲表达了渴望入读小学的愿望。然而，因年龄稍长，他只能以插班生的身份踏入高小的门槛。幸运的是，在另一位私塾老师的悉心指导下，他凭借出色的文言文作文能力，在众多学子中脱颖而出，以榜首的优异成绩被录取。然而，命运似乎并未完全眷顾这位勤奋的少年。由于汲水村教育资源匮乏，无法继续他的小学学业，他不得不远赴镇上求学。但路途遥远加之午餐问题难以解决，以及家庭经济负担不起高昂的餐费，最终他仅半年便无奈辍学，重返私塾。

时光荏苒，转眼至 1947 年，年仅 15 岁的吴易风迎来了人生的转折点。距离家乡 20 千米之遥的界首乡村师范学校以其免学费的优惠政策，深深吸引了他。相较县里中学高昂的学费、伙食费及住宿费，这所师范学校无疑是他继续求学的最佳选择。他毫不犹豫地报考了这所学校，并被成功录取，踏上了新的学习征程。随着学校的合并，他转至扬州师范学校初中部，并于 1950 年顺利完成了学业。毕业后不久，年仅 18 岁的吴易风凭借其卓越的才华与不懈的努力，被苏北人民行政公署选调至机关学校任教。面对那些为革命事业出生入死、年龄远超自己的学员，他既以师者身份传道授业，又以学子之心虚心求教，不断汲取他们的宝贵经验与优秀品质。

1953 年，江苏省转业干部速成中学成立，吴易风再次被委以重任，成为该校的一名中学教师。他深知责任重大，故而更加勤勉于教学。他认真备课，边学边教，其教学成绩斐然，荣获"优秀人民教师"的称号。除教授语文与历史外，他还勇于挑战自我，承担起"经济建设常识"这一全新课程的教学任务。面对陌生领域，他孜孜不倦地研读相关书籍，自学《政治经济学》等干部必读著作，逐步构建起自己的知识体系。在此期间，吴易风还展现出了对知识的无限渴望与追求。他自学了大学中文系和历史系的主要专业课程，并先后在苏北俄语学校和上海俄语广播学校深造俄语，最终取得了上海俄语广播学校的毕业证书。

　　1955年，当中国人民大学招生的消息传来时，他毫不犹豫地拿起了报纸，向领导询问是否可以获得相当于高中毕业的证明。在领导的支持下，他顺利获得了这一关键证明，并成功考取了中国人民大学政治经济学专业。在中国人民大学的求学岁月里，吴易风更加珍惜这来之不易的学习机会。他充分利用每一分每一秒，抓紧课间阅读各类书籍。由于他已有俄语基础，经吴玉章校长特批免修俄语课程后，他将这部分时间用于英语学习中。尽管当时学校并未开设英语课堂，且国内英语教材匮乏，他仍凭借一本在王府井外文书店购得的苏联版英语教科书，并在一位老教师的帮助下，艰难地迈出了学习英语的步伐。尽管他的英语水平尚显生涩，被戏称为"聋子"英语和"哑巴"英语，但他始终坚信，只要持之以恒，定能有所成就。

177

谦谦学者与卓越风范

在学术的殿堂里，吴易风教授对陈岱孙、高鸿业、胡代光等前辈学者始终保持着敬畏与谦卑。在中国人民大学共事的日子里，高鸿业教授提出与吴易风教授互帮互学，前者慷慨传授西方经济学与英语的精髓，而后者则回馈以《资本论》与俄语的独到见解。吴易风教授自知在教授《资本论》与俄语方面尚显不足，便与高鸿业教授约定以自学为主，遇有难题则相互探讨，共同进步。二人合力编纂的《现代西方经济学》（上、下册）教材，因其出版之早、影响之广，在国内经济学界占据了举足轻重的地位。每当谈及此书，吴易风教授总是谦逊地表示，这是沾了高教授的光彩。同样，在《空想社会主义》一书的研编过程中，吴易风教授也不忘向陈岱孙、陶大镛教授虚心求教，他对二位前辈的鼎力相助心怀感激。

他的学生之一毛增余，如今已是中国经济出版社的领军人物，回忆起吴易风教授担任中华外国经济学说研究会会长期间的情景，毛增余感慨万分。每次年会，吴易风教授总是提前抵达，亲自在大门口迎接每一位与会代表，其热情与尊重贯穿了会议的始终。会议期间，他更是以学习者的姿态，静坐在会场角落，认真聆听，积极交流，展现了一位真正学者的风范。

在经济学界取得辉煌成就的同时，吴易风教授始终保持着一颗谦卑与善良的心。他通过邮件与各界人士交流，无论对方身份如何，皆以学友相称，展现了其平等与包容的胸怀。在招生时，他更是坚持"两不招"的原则，一不招大官，二不招大款，他将宝贵的学习机会更多地留给那些来自贫困家庭的孩子。吴易风教授深知贫困家庭的孩子受教育的困难，于是在第七届吴玉章人文社会科学终身成就奖颁奖典礼上，直接宣布把这次的奖金全部捐出，设立贫困生奖学金，还表示在去世后将把部分遗产捐献出来加入贫困生奖学金。吴易风教授还曾把获得的"北京市劳动模范"奖金作为大额党费上缴党组织，用于支援国家建设。

179

然而，吴易风教授的谦逊与善良并未削弱他对原则的坚守。作为一位教师，他对待每一堂课都极其认真，以其深厚的学识与生动的讲解赢得了学生的广泛赞誉。他的课堂总是座无虚席，培养了众多兼具理论素养与实践能力的经济学人才。吴教授的这种精神与品质，将永远激励着后来者不断前行。

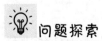
问题探索

你如何看待吴易风"两不招"的原则？这体现了一种什么样的精神和治学态度？

张培刚：追风赶月莫停留，平芜尽处是春山

张培刚，一个从湖北红安的田野里走出的经济学巨匠，用他的智慧为世界经济学的殿堂添上了浓墨重彩的一笔。这位"农家之子"，凭借卓越才华和不懈追求，不仅成为哈佛大学经济学殿堂的第一个中国博士，还以一篇《农业与工业化》的博士论文震撼学界，奠定了发展经济学的基石，被誉为"发展经济学之父"。张培刚不仅在象牙塔内熠熠生辉，更将经济学的火种播撒到现实的土壤中，特别是在中国改革开放的浪潮中，他的研究为中国特色社会主义经济理论提供了学术支持。他的一生，既是学术探索的典范，也体现了学者对国家发展的深切关怀。

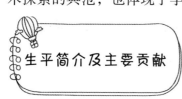

生平简介及主要贡献

张培刚，发展经济学的开辟者与奠基人，曾任华中科技大学经济学院名誉院长。1934 年夏日，他在武汉大学经济系留下了求学的足迹。7 年后，他以清华庚款留美公费

生的身份跨洋至哈佛大学深造，于 1945 年冬摘取了经济学博士学位的桂冠。他的博士论文《农业与工业化》如同一颗思想的彗星划破夜空，一开发展经济学先河，从历史与理论的双重维度深度剖析了农业国家或经济后发国家如何有策略地步入工业化与经济增长的轨道，这份开创性的贡献也为他赢得了哈佛大学经济学领域的最高荣誉——大卫·威尔士论文奖，他也是首位获此殊荣的中国学者。这份荣誉标志着发展经济学领域的一座里程碑。

张培刚，这个名字在发展经济学的历史长河中，就如同一座巍峨的丰碑。1989 年，一篇题为《发展经济学往何处去》的文章从他的笔下流淌而出，宛如一股清流，于学科的低谷期力挽狂澜，重新点亮了希望之光。而 1992 年的《新发展经济学》则是他学术创新的又一力作，这本书实现了研究的全方位革新，从立场、研究对象、核心议题到研究方法，均提出了创新见解，诸多新论点如春风化雨，为发展经济学领域播撒了新的生机与活力，引领了一场变革与飞跃。

181

经济学家的故事

多读使人广博

在那个晨光初破的清晨，五岁半的张培刚带着稚嫩的步伐，小心翼翼地跨过了私塾那斑驳的门槛，仿佛踏入了知识的殿堂。一年后，启人小学的校园里，多了一位眼神中闪烁着求知光芒的小小身影，张培刚在这里以书为伴，勤勉不辍。每当夕阳西下，他不仅要埋头于书卷之间，还要随家人踏入田间地头，在汗水与泥土的交融中，他深刻体会到了农村生活的艰辛与不易，那些沉重的农具和疲惫的身影，悄然在他心中种下了改变命运的种子。

岁月流转，少年张培刚在耕读并进的岁月里逐渐成长，那份对改变农村现状的渴望如同野火燎原，愈发强烈。在武汉中学的辉煌时光里，他以卓越的才情和不懈的努力，成为众人瞩目的焦点。尽管他成绩斐然，师生皆赞，然而他深知，这一切只是起点。

当他迈入武汉大学经济系的大门时，适逢武汉大学迁址珞珈山。学校生机勃勃，校风淳朴，师资力量也极为雄厚，集中了如周鲠生、杨瑞六、皮宗石、任凯南等一大批国内知名的教授。教授们不仅教学认真，而且各有特色，他们为张培刚的求学生涯添上了浓墨重彩的一笔。五年半的宝贵时光（包括一年半的预科教育），不仅见证了张培刚的成长，更为其日后的学术轨迹铺设了坚实的基石。虽然张培刚是文科生，但由于他对数学有着浓厚兴趣并在数学领域有一定天分，他的数学基础也十分扎实。也正是因此，张培刚虽然在报考文科预科班时跳级一年半，但也仅用了不到一年的时间就完全赶上课程进度。扎实的数学根基不仅帮助他迅速适应了预科的快节奏学习，更为他在哈佛的深造之路打下了基础。

在阅读英美经典名家的作品时，张培刚特意把弗朗西斯·培根的名句"Reading makes a full man; conference a ready man; and writing an exact man."翻译成朗朗上口的中文对句——"多读使人广博，多写使人准确。"从那以后，这句话成为他学术探索的不灭灯塔。

183

终于，在1943年的寒冬，张培刚以优异的成绩站在了哈佛大学的殿堂之上，不仅加冕了硕士的桂冠，还迈入了博士的大门。为了那篇将深刻影响他一生的博士论文，他利用五门外语的优势，在哈佛大学图书馆的一隅，开辟出了一片属于自己的智慧天地。一年半的沉浸，无数次的翻阅与思索，最终凝结成了《农业与工业化》这部二十余万字的鸿篇巨制。每一个字句，都承载着他对农村未来的深切关怀与深刻洞察，也是对那段孤独而辉煌的学术岁月的最好诠释。在 1945 年的金秋十月，当论文最终定稿的那一刻，张培刚知道，他已经为改变农村面貌、提升农民福祉的梦想迈出了坚实的一步。

挫折使人奋发

在张培刚的记忆长河中，改革开放的春风不仅拂过了广袤的中华大地，也悄然掀开了他学术生涯中最璀璨夺目的篇章——一段被后世誉为"黄金岁月"的非凡时光。这段日子对他而言，不仅是时间的流逝，更是对过往遗憾的深情弥补。他紧紧抓住这难得的机遇，以笔为犁，深耕于学术的沃土。

1980 年至 1986 年，张培刚与挚友厉以宁并肩作战，他们犹如双子星般闪耀在经济学界的天空。他们合著的《宏观经济学和微观经济学》与《微观宏观经济学的产生与发展》两部鸿篇巨制，如同双子峰峦，巍然屹立，它们不仅是西方经济理论系统引入中国的里程碑，更是张培刚智慧与汗水的结晶。张培刚还在引介西方理论时强调与中国实际结合，主张批判吸收。这两本书如同春雨般滋润了国内学者的心田，不仅填补了理论的空白，更引领了一场思想的觉醒，让企业管理与国民经济管理的理念焕然一新，为中国经济巨轮的破浪前行提供了理论罗盘和航向指引。

然而，张培刚的学术之路并非坦途。生活的风雨、时代的挑战，都曾试图将他击垮，但他却如同山间的松柏，愈挫愈坚。自幼年起，书籍便是他最忠实的伴侣，那份对知识的渴望如同不灭的灯塔，照亮了他前行的道路。在无数个日夜的交替中，他将自己囚禁于书海，斗室内灯火通明，中西经济学著作堆积如山，他的身影与这些智慧的光芒融为一体，直至夜深人静。

正是这份对学术的纯粹热爱与不懈追求，让张培刚在默默无闻中完成了从量变到质变的飞跃。他的每一次落笔，都是对过往积累的沉淀与升华；他的每一项成就，都是对"书山有路勤为径，学海无涯苦作舟"这一古训的生动诠释。张培刚的故事，是一段关于梦想、坚持与超越的传奇。

185

问题探索

农村生活的体验给少年张培刚带来了什么？你如何理解文中弗朗西斯·培根的名句？

张薰华： 砥砺前行， 不负岁月

"作为一名经济理论工作者，不仅要依据科学理直气壮地与别人争鸣，而且要勇于自我批评。认识有一个过程，往往是由错误到正确、由片面认识到全面认识的过程，这是正常的。对此，马克思和恩格斯也为我们树立了好的榜样。"

——张薰华

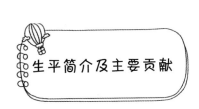

生平简介及主要贡献

张薰华是中国当代杰出的马克思主义经济学家。他自幼深受革命思想熏陶，1939年，中学时期的他便积极投身于党的外围组织——上海市学生抗日救亡协会，展现出强烈的爱国情怀与革命精神。1947年，他正式加入中国共产党，将个人命运与国家和民族的命运紧密相连。张薰华教授的学术生涯璀璨夺目，2012年，他荣获世界政治经济学学会颁发的第二届"世界马克思经济学奖"，这是对他在经济学领域卓越贡献的高度认可。

张薰华毕生专注于经济学基础理论研究，特别是《资本论》研究，著有《〈资本论〉中的再生产理论》《〈资本论〉提要》（三册）等著作。他系统论证了土地有偿使用的理论依据，推动了《资本论》地租理论的本土化应用。他关于"土地批租"的论文，为中国土地管理制度改革提供了重要参考，为中国土地批租制度的建立提供了理论依据。他被曾任中国社会科学院马克思主义研究院院长的程恩富称为"我国土地管理体制改革的最早倡导者和杰出贡献者"。

经济学家的故事

187

跨越烽火的时代先驱

1921 年 12 月，在江西九江，庐山巍峨之下，一个中医世家的温馨小院里，张薰华悄然降临。命运似乎在他幼年时就悄然为他铺设了一条不同寻常的路——母亲早逝，留下他与祖父相依为命。在私塾的晨钟暮鼓中，他熟读《论语》的仁爱、《孟子》的浩然之气、《左传》的历史智慧以及《古文观止》的文学精髓，这些经典如同种子，在他心中生根发芽。然而，时代的洪流无情地卷走了平静。祖父离世后，张薰华带着对未知世界的忐忑，踏上了前往

上海的旅程，投奔外祖母与姨母的怀抱。好景不长，1937
年的淞沪战争如同噩梦般降临，他不得不带着弟妹，在炮
火与硝烟中辗转返回九江，又历经千辛万苦重返上海，以
寻求一片安宁之地。

在上海的动荡岁月中，张薰华进入苏州工业学校，初
次接触到了高等数学的奥秘，这为他日后的学术生涯埋下
了伏笔。然而，命运似乎总爱与他开玩笑，外祖母的离世
再次让他踏上了漂泊之路，从上海到温州，再到丽水，最
终他在堂兄的帮助下得以安身。正是这段旅程，让他与复
旦大学结下了不解之缘，他成功考入了复旦大学农艺系茶
叶专业。在重庆北碚的复旦大学校园里，他又完成了从
"茶农"到"经济学者"，再到"革命者"的华丽转身。
在重庆的日子，张薰华的心被国家的苦难深深触动，他不
再满足于个人的技艺追求，转而投身于更为广阔的"经世
济民"之路。学生时代的抗日救亡经历，让他在复旦大学
里更加坚定地选择了革命的道路，他加入了中国学生导报
社，用笔杆为正义发声。毕业之际，他更是以非凡的勇气
和组织能力，成功挽留了校长章益，保护了复旦大学的学
术根脉不受战火侵扰。

抗战胜利后，复旦大学重返上海，张薰华也迎来了他
职业生涯的新篇章。他留校任教，成为经济系的一名教
师，并在1947年光荣地加入了中国共产党。新中国成立

后，他更是积极投身于高校接管与重建工作，他被委以重任，展现了出色的领导才能。然而，他并未忘记初心，始终坚守在教学一线，用知识的光芒照亮学生的心灵。岁月的磨砺，不仅让张薰华教授成为学术界的泰斗，更让他的学风独树一帜。他深入社会各个阶层，了解民生疾苦，将理论与实践紧密结合，形成了自己独特的学术风格。从旧社会的见证者，到新中国建设的参与者，张薰华教授的一生，就是一部生动的历史教科书，激励着后来者在追求真理与正义的道路上勇往直前。

百年学府的学术领航

189

在复旦大学的悠长岁月里，张薰华教授的名字如同一盏不灭的灯塔，照亮了无数学子的求知之路。他的故事，是关于奉献、坚持与热爱的赞歌。

自 1940 年，年仅 19 岁的张薰华踏入复旦大学的那一刻起，他便与这所百年学府结下了不解之缘。从农艺系的初识，到经济系的深耕，他的学术之路越走越宽广。在那个烽火连天的年代，他不仅是一名勤勉的学生，更是一位勇敢的爱国者，参与了中国学生导报社，用文字为信仰呐喊、为正义发声。1945 年，他以优异的成绩留校任教，两年后，他更是光荣地加入了中国共产党，从此，他的生命与党的事业紧密相连。

上海解放的曙光初现，张薰华教授积极响应党的号召，他被任命为复旦大学校务委员并兼常务委员，代行学校行政事务，与陈毅、粟裕等老一辈革命家共同书写了复旦新篇章。在复旦大学校史馆的尘封记忆中，那张由陈毅、粟裕签署的委任状，见证了张薰华教授为学校发展所作出的杰出贡献。

然而，对于张薰华教授而言，最令他心驰神往的始终是那三尺讲台。从青春年少到白发苍苍，他始终坚守在教学一线，用知识的光芒照亮学生的心灵。20 世纪 90 年代，当复旦大学推出"博士生导师上基础课"的创新举措时，张薰华教授更是身先士卒，坚持为经济学院的研究生讲授《政治经济学研究》这门核心课程，从未有丝毫懈怠。他深知，只有根基牢固，方能枝繁叶茂，因此，他对学生的要求极为严格，尤其他是那令人闻风丧胆的口试制度，更是让学生们既敬畏又感激。

190

《政治经济学研究》的考试，采用的是在给定的 100 道题范围内完成口试，特别之处在于，口试必须以抽签的方式进行。抽到哪道题就回答哪道题，两次机会答不出，就得次年补考；补考不通过，毕业前还有一次机会；要是再不通过，那么就毕不了业。但凡经济学院硕士毕业的学生，全部经历过这种被他们视之为噩梦的考试。但每一位参加过考试的学生回忆起来，都认为这种方式帮助大家掌握和理解了所学的经济理论，令他们终身受益，不少学生在毕业多年以后仍感慨：这是印象最深、受益最大的一门课程。不仅如此，张薰华老师对从外校考入的博士生也一视同仁，他对每一位博士生提出自己的要求，额外向博士生们教授《资本论》知识要点，并要求他们完成经典的百道论述题目。张薰华老师的用心良苦也使他的学生们受益匪浅。他的认真做事、踏实做人的要求深深影响着每一位学生。

岁月悠悠，张薰华教授以其卓越的学术成就和高尚的师德风范赢得了广泛的赞誉。1989 年，他荣获全国优秀教师称号；1999 年，他又摘得复旦大学研究生教学一等奖的桂冠。这些荣誉的背后，是他数十年如一日的辛勤耕耘和无私奉献。他用自己的故事告诉我们：真正的教育，不仅是传授知识，更是点燃火焰，照亮学生的前行之路。

191

问题探索

《论语》《孟子》《左传》《古文观止》这些古文经典对张薰华产生了什么影响？

卓炯： 我是真理的探索者

在那个特殊的年代，当大多数人还在为计划经济摇旗呐喊时，卓炯勇敢地站了出来，提出了社会主义经济是计划商品经济的独到见解，这一观点为经济体制改革提供了重要理论参考。卓炯就像是一位勇敢的"逆行者"，用自己的智慧和勇气，为中国的经济理论发展开辟了新的道路。

192

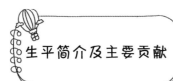

生平简介及主要贡献

卓炯，一位跨越世纪的杰出经济学家，其人生轨迹璀璨如星。他以中山大学社会学学士学位为起点，于1939年毅然加入中国共产党，矢志不渝地投身国家与民族的复兴大业之中。

在学术的殿堂里，卓炯自1941年起在中山大学担任讲师，继而晋升为副教授，以渊博的学识和深邃的见解启迪着无数学子。在异国他乡——泰国曼谷，他曾担任南洋中学校长，将教育的火种播撒至更广阔的天地。新中国成立后，他更是以非凡的才情和卓越的贡献，先后在南方大学、中共中央华南分局宣传部、中共广东省委党校及广东省社会科学院等多个地方任职并留下了深刻的印记，展现了其作为学者与领导者的双重风采。

尤为值得一提的是，卓炯毕生致力于社会主义商品经济理论的探索与构建。1961年，他在《申论社会主义制度下的商品》一文中提出社会主义经济是计划商品经济的独特见解，这一思想为当时的经济理论界注入了新的活力。历经二十余载的不懈耕耘，他构建起了一套独具卓识的社会主义商品经济理论体系。

经济学家的故事

漫漫求学与革命之路

在岁月的长河中，卓炯的故事如同一部跌宕起伏的史诗，每一章节都镌刻着不屈与坚韧。他的童年是由一抹雄黄矿的余晖与母亲瘦弱的身影交织成的一幅幅辛酸的画面。他的父亲，那位曾以矿石为伴的矿工，因命运的波折失业流离，家中的天空因此布满了阴霾。然而，在这贫瘠的土地上，母亲用她那双勤劳的手为卓炯撑起了一片学习的天空。尽管条件简陋，但在乡办私塾的学习生活却如同荒漠中的甘泉，滋养了他对知识的渴望。

当春风再次吹拂，父亲复工的喜讯如同久旱逢甘霖，14 岁的卓炯终于踏入了学校的门槛。他的天资如同被压抑已久的火种，一经点燃便熊熊燃烧。勤奋与才智并蓄，卓炯在知识的海洋中遨游，年终考试的榜首成了他才华的最佳注脚。他常说："我是真理的探索者。"这句话不仅是青春的誓言，更是他一生追求的写照。

青年时代，卓炯的命运与中国革命的洪流紧密相连。湖南省立第二师范学校，这座孕育思想的殿堂，成了他人生的重要转折点。在这里，他沐浴在进步的思潮中，1924 年的纪念列宁逝世大会如同一场心灵的洗礼，让他与革命结下了不解之缘；一本本进步书籍如同启明星，照亮了他前行的道路。

走出象牙塔，卓炯投身于抗日救亡的洪流中，他的笔杆成了锋利的武器，他为救亡呼声社书写了一篇篇激昂的文章。广东民族抗日先锋队的岁月里，他更是以实际行动践行着对真理与革命的信仰。思想的火花与工作的卓越表现，让他赢得了地下党员叶兆南（即后来的地质矿产部部长孙大光）的青睐。1939 年，他终于正式成为中国共产党的一员。

1941 年，卓炯踏上了前往坪石镇的征途，在那里，中山大学法学院隐匿于青山绿水之间，虽物质匮乏，却是一片学术的净土。在这片偏僻而美丽的土地上，他沉醉于马克思劳动价值学说的深邃思想之中，他潜心研读《资本论》，他的笔记与著作初稿如同雨后春笋般涌现。他发表的《论经济现象》一文，标志着其在青年时期对马克思主义经济理论研究的巅峰，这篇力作如同璀璨星辰，照亮了他在经济学领域的探索之路。在这段时光中，他不仅在学术上日益精进，更在革命的需要下，跨越了专业的界限，涉足更广泛的研究领域。华南师范大学教授杨永华在《卓炯传》中深情地写道："这种转变，是他个人兴趣与社会革命需要的完美融合，展现了他作为学者与革命者的双重风采。"

探索真理与不走捷径

195

在那段被历史铭记的时光里，"探索真理的征途，从无坦途可觅，亦不乏孤独相伴"。卓炯，这位思想的行者，总爱将这句话挂在嘴上，而那份未言明的孤独，如同夜空中最亮的星，默默照亮他前行的路。

1958 年的夏日，命运之手轻轻一挥，卓炯从广州市委宣传部，踏入了中共广东省委中级党校（后更名为中共广东省委党校）的殿堂，担任起政治经济学教研室主任。彼时，正值国家遭遇前所未有的饥荒挑战，万物萧瑟，人心惶惶，卓炯却如同一股清流，以实事求是为舟，以智慧为帆，深潜于经济学的汪洋大海，勇敢地提出了"社会主义经济乃有计划之商品经济"的惊世之论。然而，这一超前之见，却如同夜空中不合群的星辰，被正统的思潮视为异端，让他在孤独与坚持中，独自闪耀。

回溯往昔，1955 年那场与苏联《政治经济学教科书》的邂逅，悄然在卓炯心中种下了质疑的种子。他惊觉，贯穿全书精髓的仍是马克思那不朽的劳动价值学说，这一发现让他对既有的社会主义基本经济规律产生了深刻的怀疑，也预示着他将踏上一条少有人走的路。

在社会主义建设探索时期，卓炯结合调研实践对经济发展规律进行理论思考。卓炯在广东农村调研中发现，恢复集市贸易和有限商品经济有助于缓解物资短缺。在广州的两次座谈会上，他以《充分发挥商品生产和价值规律在社会主义制度下的积极作用》为题，发出了时代的强音，挑战着传统观念的桎梏，开始了对商品经济与价值规律的深刻探讨。他将商品经济视为社会分工的基石，坚信唯有商品经济，方能激活社会的每一个细胞，让经济之树常青。于是，"要搞商品经济，要长期搞下去"的呼声，在他心中愈发坚定。

拥有经济学家与革命者的双重身份的卓炯，对国家经济发展的忧虑如同乌云蔽日，难以驱散。但他深知，唯有直面现实，方能找到通往真理的道路。在他的不懈努力下，他的理论探索为改革开放后"计划经济为主、市场调节为辅"及社会主义市场经济体制目标的提出提供了学术参考。

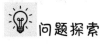
问题探索

　　你如何看待在那个年代，卓炯勇敢地提出了"社会主义经济乃有计划之商品经济"的惊世之论这一行为？当你的观点和理论与当时流行的观点和理论不一致时，你会如何处理？

197

加里·贝克尔： 经济学世界中的勇敢骑士

社会歧视、个人生育这些问题似乎和经济学扯不上任何关系，但是在经济学这片浩瀚的星河里，有一位特别的学者：加里·贝克尔，他将经济理论运用于对人类行为的研究，以及运用到过去同市场力量没有联系的领域，如社会学、政治学、人口统计学、犯罪学和生物学，从而开拓了经济分析的新视野，展现了理性与经济逻辑的无限魅力。现在，就让我们跟随加里·贝克尔的脚步，一起踏上这场既有趣又充满挑战的经济学"叛逆"之旅吧！

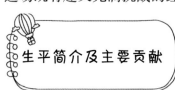

生平简介及主要贡献

加里·贝克尔，这位 1930 年出生于美国宾夕法尼亚州的经济学巨匠，早年求学于普林斯顿大学，后转战芝加哥大学深造，一步步攀登经济学的高峰。加里·贝克尔的职业生涯辉煌灿烂，先在哥伦比亚大学执教多年，后回到芝加哥大学成为教授并担任系主任，培养了一大批经济学人才。他不仅在教学领域硕果累累，更在经济学领域开辟了新天地。他被誉为经济学界的创新先锋，他擅长将看似无关的现象与经济学原理巧妙结合，为经济分析打开新窗口。加里·贝克尔更将微观经济学的触角延伸至人类行为与交互的广阔领域，包括那些传统上与市场无关的行为，这一创举为他赢得了1992年的诺贝尔经济学奖。

不仅如此，加里·贝克尔还跨越了经济学的传统边界，将经济理论应用到社会学、政治学、人口学等多个领域，展现了经济学强大的解释力和影响力。他的多部著作，如《歧视经济学》《生育力的经济分析》《人力资本》等，都是各自领域的经典之作，特别是《生育率的经济分析》被誉为西方人口经济学的开山之作。

199

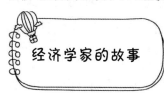

经济学家的故事

与学术的不解之缘

加里·贝克尔诞生于1930年的美国宾州煤炭重镇波茨维尔，其家族背景深厚，父亲本是加拿大蒙特利尔的一名商人，后携全家迁至纽约布鲁克林，这为加里·贝克尔的成长铺设了新的起点。

加里·贝克尔自打会走路起就与众不同。他是手球场上的"小旋风"，每一次挥拍都仿佛能掀起一阵风暴，让对手望尘莫及。此外，他心中还藏着对数学的无尽好奇与热爱。闲暇时，加里·贝克尔会躲进房间，与数字和公式为伴，那份专注与热情，甚至让他热爱的手球运动都黯然失色。

终于有一天，加里·贝克尔不得不做出选择：是继续驰骋在手球场上，还是投身数学的海洋？经过一番深思熟虑，加里·贝克尔选择了投入数学的怀抱。

时间如白驹过隙，转眼间，加里·贝克尔踏入了普林斯顿大学的殿堂。在这里，他偶然选择了经济学专业，但他很快就又被数学的魅力深深吸引。于是利用学校独特的三年毕业制度，加里·贝克尔又额外用一年时间，一头扎进数学的宝库，贪婪地吸收着知识的养分，这为他日后在经济学领域的量化分析之旅打下了坚不可摧的基石。

这个时期的加里·贝克尔也曾对经济学的社会应用前景感到迷茫，但幸运的是，在芝加哥大学，他遇到了生命中的贵人——米尔顿·弗里德曼教授。米尔顿·弗里德曼的教诲如同阵阵清风，驱散了加里·贝克尔心中的迷雾，让他重新找回了对经济学的热爱与信心。

从此，加里·贝克尔的经济学之旅就像是被按下了无限循环的按钮，他不再满足于传统的经济学框架，而是勇敢地踏上了前往经济学帝国的征途。他像是一位勇敢的探险家，手持经济分析这把"万能钥匙"，打开了歧视、婚姻、家庭、教育等一扇扇看似非经济领域的大门，揭示了其背后隐藏的经济逻辑与奥秘。

《人力资本》与《家庭论》这两部加里·贝克尔的杰作，就是他在经济学领域树立的两座丰碑，不仅为他赢得了学术界的广泛赞誉，更深刻地影响了人们对经济与社会问题的思考方式。

与传统的有趣博弈

加里·贝克尔在读研究生时写的博士论文后来被整理成了一本名为《歧视经济学》的书，这本书的问世挑战了经济学传统，它将经济分析这把利剑挥向了以往被视为禁忌的领域——种族歧视。

在那个年代，人们普遍认为种族歧视是邪恶的阴谋，是强者对弱者的压迫。但加里·贝克尔却偏偏不按常理出牌，他提出了一个颠覆性的观点，歧视其实也是一种经济行为，其背后隐藏着复杂的成本与收益考量。加里·贝克尔从效率角度分析歧视的经济成本，但明确反对种族主义，认为自由市场竞争会削弱歧视动机。

贝克尔的老师米尔顿·弗里德曼也曾受过种族歧视，但他很快从个人情感的漩涡中抽身而出，转而用学术的眼光审视加里·贝克尔的论点。经过一番深思熟虑，米尔顿·

弗里德曼没有阻止加里·贝克尔的研究，反而成为他最坚定的支持者。

　　还有个经济学家阿尔钦，他看了加里·贝克尔的论文后，特别佩服，说要是那时候就有诺贝尔经济学奖，加里·贝克尔肯定能拿奖。不过可惜，那篇论文发表的时候，还没有设立诺贝尔经济学奖。尽管当时还有很多经济学家都不看好他的研究方向，但加里·贝克尔仍坚持自己的想法，他深知，真正的创新往往伴随着孤独与误解。但正如他所说："有米尔顿·弗里德曼和阿尔钦的支持就足够了，别人的看法不重要。"

　　这份特立独行的勇气与坚持，让加里·贝克尔在学术的道路上越走越远，最终成为经济学史上一颗璀璨的明星。

 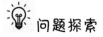 问题探索

　　如果你是加里·贝克尔，你会做出怎样的选择？为什么？

乔治·阿克尔洛夫：挑战传统经济学的经济学家

你是否会因为拖延而困扰呢？请放宽心，因为就连荣获诺贝尔奖的杰出经济学家乔治·阿克尔洛夫也曾是"拖延症"的"受害者"。不过，与众不同的是，尽管乔治·阿克尔洛夫也深受拖延之苦，但这并未成为他通往成功路上的绊脚石。现在，让我们一起走进他的故事，探寻拖延背后的智慧与启示吧！

203

生平简介及主要贡献

乔治·阿克尔洛夫在经济学界最为人所知的贡献是他关于"柠檬市场"理论的研究。这个理论的核心是信息不对称的问题，即在一些市场交易中，卖家和买家之间存在信息不平等，即卖家知道信息的比买家知道的信息多的问题。乔治·阿克尔洛夫以二手车市场为例，阐明了当买家难以准确评估车辆质量时，卖家如何利用这一信息优势，将劣质商品（即"柠檬"）推向市场，反而使得优质商品因被低估而逐渐退出市场。这一现象不仅局限于二手车领域，更广泛存在于保险、就业等多个市场之中，其深刻揭示了信息不对称如何导致市场资源配置的扭曲和市场失灵。

乔治·阿克尔洛夫另一重要的学术贡献在于效率工资理论。效率工资理论认为，企业通常愿意提供高于市场均衡工资的"效率工资"，并以此作为激励手段，提升员工的工作效能与忠诚度，同时降低因高员工流动率而带来的招聘与培训成本。这一理论为我们理解劳动力市场提供了全新的视角。

乔治·阿克尔洛夫的这两个理论都在研究市场不完全竞争的情况，深入揭示了在信息不对称和劳动力市场不完全竞争的情况下的市场的复杂运行机制。他的研究成果不仅极大地拓展了经济学的研究边界，更为我们深入理解市场经济的复杂性与多样性提供了坚实的理论基础。

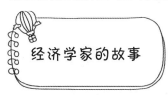

经济学家的故事

探索与挑战

乔治·阿克尔洛夫诞生于一个充满科学氛围的家庭：父亲与叔叔深耕化学领域，并成为受人尊敬的化学家；母亲曾是耶鲁大学的一名化学专业研究生；哥哥则继承了对自然界奥秘的探索精神，并成长为一名杰出的物理学家；曾祖父以医术与教诲并行，不仅是患者的救星，亦是医学教育的领航者；祖父则专注于药理学，将科学转化为改善人类健康的实际力量。而乔治·阿克尔洛夫放弃家族传统，成为一名独当一面的经济学家。

　　乔治·阿克尔洛夫自称"书呆子"，他在学业上展现出了非凡的天赋与努力，尽管对体育课避之不及，但在知识的殿堂里他却如鱼得水。他追随哥哥的脚步，踏入了耶鲁大学的校门，正是在那里，经济学如同一束光，照亮了他的学术之路。凭借着扎实的经济学与数学基础，1962年的秋天，他毫无悬念地收获了麻省理工学院博士项目的入场券。在麻省理工学院的第一年，为了更深入地理解经济学的奥秘，他毅然投入大量时间研习代数拓扑学，这一跨学科的探索为他日后的研究奠定了坚实的理论基础。在麻省理工学院的日子里，乔治·阿克尔洛夫不仅收获了知识，更结识了一群志同道合的朋友，其中就包括日后与他共享诺贝尔经济学奖荣耀的约瑟夫·斯蒂格利茨。这段同窗情谊见证了彼此的成长。

　　1966年，从麻省理工学院毕业后，乔治·阿克尔洛夫迅速获得了加州大学伯克利分校的青睐，成为该校的一员。在伯克利的第一年，他写下了具有里程碑意义的《柠檬市场》一文，这篇文章不仅为他赢得了国际声誉，更是他日后荣获诺贝尔奖的关键所在。乔治·阿克洛夫后来解释说，他最初考虑的问题是汽车销售如何和商业周期相关联。他发现，在新车销售中，消费者往往会考虑其他替代方案：是租一辆新车还是购买一辆二手车。但二手车市场通常不是消费者的首选，因为在二手车市场中，卖家与买家之间存在信息不对称问题，信息劣势让买家望而却步，甚至选择避开整个市场。

他认为这是一个有趣的想法，于是他运用数学工具，严谨地证明了这一观点。但是当时这篇论文在发布之初遇到了不小的挫折，连续被三家权威经济学期刊拒之门外。经过多次修改并补充实证数据后，该论文最终在《经济学季刊》上发表，并且大受欢迎，乔治·阿克洛夫的这篇文章之所以能引起如此大的反响，是因为它勇敢地挑战了传统微观经济学。从此，考虑信息不对称对市场行为的影响成为经济学研究中一个不可或缺的领域，乔治·阿克尔洛夫也因此被誉为这一领域的开拓者。

拖延与成功

20世纪90年代初，乔治·阿克尔洛夫住在印度。他的朋友约瑟夫·斯蒂格利茨去看他，两人在茶香与笑语中畅谈学术与人生，离开时斯蒂格利茨不慎把一件衬衫忘在了他家。事后，斯蒂格利茨让乔治·阿克尔洛夫把衬衫寄到美国，乔治·阿克尔洛夫欣然同意了，并且把衬衫叠好后放在一个盒子里。虽然他也很想早早地把这个盒子寄出去，但没有想到，就这样一项简单的任务，乔治·阿克尔洛夫却一拖再拖，迟迟没有寄出去。一直到八个月以后，乔治·阿克尔洛夫自己都准备回国了，同时另外一个朋友恰好也要寄一些东西回美国，乔治·阿克尔洛夫才将斯蒂格利茨的衬衣连带着一同捎回去。

　　乔治·阿克尔洛夫知道自己虽有良好的初衷，却未能付诸实践，就像他在论文里写的："八个月里，每天早晨醒来我都决定第二天早上去把箱子寄给斯蒂格利兹。"他时刻都准备将箱子寄出去，但那一刻似乎遥不可及。乔治·阿克洛夫将这个我们再熟悉不过的拖延体验看成一个谜题，进而洞察到这一普遍存在的非理性行为的背后，隐藏着行为经济学的深刻洞见，揭示了关于理性思维的限度的一些重要问题，并且这些问题可能会帮助我们理解生活中形形色色的现象。1991年乔治·阿克尔洛夫发表了一篇名为《拖延和服从》的论文，巧妙地将个人经历融入理论框架，探讨人们在特定情境下的行为模式。该论文为后续行为经济学家研究时间偏好和自我控制问题提供了范式参考。

207

　　乔治·阿克尔洛夫的故事启示我们，尽管"拖延症"是人性中难以避免的一部分，但我们完全有能力与之共存，甚至通过巧妙地管理与利用，减少拖延行为对效率的负面影响。

 问题探索

拖延也许是个不好的习惯，但乔治·阿克尔洛夫却完成了一篇名为《拖延和服从》的论文，你从中得到什么启示？

简·丁伯根：　经济计量学模式建造之父

你知道诺贝尔经济学奖是什么时候成立的吗？首届诺贝尔经济学奖的获得者又是谁呢？诺贝尔经济学奖并不属于 1895 年诺贝尔遗嘱中所提到的 5 个奖项，而是 1968 年，瑞典中央银行于其成立 300 周年时，为纪念阿尔弗雷德·贝恩哈德·诺贝尔而增设的奖项，该奖项全称为"瑞典中央银行纪念阿尔弗雷德·诺贝尔经济学奖"，以下简称诺贝尔经济学奖。1969 年，诺贝尔经济学奖首次颁奖，由挪威人朗纳·弗里施和荷兰人简·丁伯根两人共同获得。

209

生平简介及主要贡献

简·丁伯根，荷兰杰出的经济学家，其生平与成就给经济学界留下了深刻的印记。他出生于 1903 年 4 月 12 日的荷兰海牙，自幼展现出对数学和物理学的浓厚兴趣。1922 年，简·丁伯根考入荷兰莱顿大学，专攻物理学，并于 1929 年获得物理学博士学位。然而，他的学术兴趣很快转向了经济学，特别是经济计量学领域。

简·丁伯根被誉为"经济计量学模式建造之父"，他在这一领域的贡献无人能及。他率先将方程式应用于经济动态分析，创立了经济计量学模型，为经济计量学的发展奠定了坚实基础。他的代表作《经济周期理论的统计检验》中，通过一系列复杂的联立方程，成功构建了包括48个联立方程组的宏观经济模型，这一成就不仅开创了经济理论研究的新里程碑，也为后续的经济政策制定提供了科学依据。

此外，简·丁伯根还提出了著名的"蛛网理论"和"丁伯根法则"。"蛛网理论"引入时间因素考察价格和产量的均衡状态变动过程，为农产品市场分析提供了有力工具。而"丁伯根法则"强调了政策工具与政策目标之间的对应关系，指出为实现多个经济目标，政府需要运用多个独立且有效的经济政策。

由于简·丁伯根在经济计量学领域的杰出贡献，他于1969年与挪威经济学家拉格纳·弗里希共同荣获了首届诺贝尔经济学奖。这一荣誉不仅是对他个人学术成就的认可，更是对他在推动经济学发展方面所做努力的肯定。简·丁伯根的一生都在为经济学的发展贡献自己的力量，他的思想和成就将永远铭刻在经济学的历史长河中。

经济学家的故事

简·丁伯根的"经济侦探"生涯

在荷兰经济学界，简·丁伯根如同一位睿智的侦探，他总是能以独特的视角和敏锐的洞察力，揭开经济谜团，为政策制定者提供精准的导航。然而，鲜为人知的是，简·丁伯根在早年曾有一段"经济侦探"般的经历，这段经历不仅锻炼了他的分析能力，也为他日后的经济学研究奠定了坚实的基础。

211

故事发生在 20 世纪 50 年代初，当时，荷兰经济正面临着一系列复杂的挑战：通货膨胀高企、失业率上升、国际贸易环境恶化……这些问题像是一张错综复杂的网，让许多经济学家都感到头疼不已。

面对这样的困境，简·丁伯根没有选择逃避，而是主动请缨，担任了政府经济顾问团的一员。在这个角色中，他仿佛变成了一位"经济侦探"，穿梭于数据的海洋，寻找着解决问题的线索。他每天都会埋头于堆积如山的统计报告中，用他那双锐利的眼睛，捕捉着每一个细微的变化和异常的信号。

有一次，简·丁伯根注意到荷兰的出口数据出现了异常波动，这与当时普遍认为的国际贸易形势不符。他立刻意识到，这背后可能隐藏着某种未知的因素。于是，他开始了深入的调查和分析。通过对比多个来源的数据，他发现了一些看似无关紧要的细节：某些特定行业的出口量突然激增，而这些行业又与荷兰的某个新兴贸易伙伴有着密切的联系。

简·丁伯根没有放过这个线索，他进一步追踪了这些行业的生产情况和市场需求，最终揭开了真相：原来，荷兰的这个新兴贸易伙伴正在经历一场经济改革，对特定商品的需求大幅增加。而荷兰的出口商则敏锐地捕捉到了这个机遇，迅速调整了生产结构，从而实现了出口量的激增。

简·丁伯根的这一发现，不仅为荷兰政府提供了宝贵的政策建议，也让他在经济界声名鹊起。人们开始称他为"经济侦探"，因为他总能从纷繁复杂的数据中，抽丝剥茧，找到问题的症结所在。

简·丁伯根的"经济魔法"奇缘

如果说简·丁伯根的"经济侦探"生涯是他学术生涯的前奏，那么他提出的"丁伯根法则"则是他经济学研究的巅峰之作。这个法则不仅为他赢得了国际声誉，还让他有幸站在了诺贝尔经济学奖的领奖台上。

"丁伯根法则"的诞生，源于简·丁伯根对宏观经济政策调控的深入思考。在 20 世纪 60 年代末，随着全球经济一体化的加速，各国之间的经济联系日益紧密。然而，这也带来了新的挑战：如何在保持经济增长的同时，实现物价稳定、充分就业等多个宏观经济目标？

面对这个难题，简·丁伯根提出了一个大胆的假设：如果政府拥有足够的政策工具，并且这些工具之间是相互独立的，那么政府就有可能同时实现多个宏观经济目标。他进一步指出，要实现 N 个独立的宏观经济目标，至少需要 N 个独立的政策工具。这就是后来广为人知的"丁伯根法则"。

然而，这个法则的提出并不是一帆风顺的。起初，许多经济学家都对简·丁伯根的观点表示怀疑。他们认为，宏观经济政策之间的相互影响是不可避免的，因此不可能存在完全独立的政策工具。但简·丁伯根并没有放弃自己的信念，他通过一系列严谨的数学推导和实证分析，证明了"丁伯根法则"的正确性。

213

随着时间的推移，"丁伯根法则"逐渐被越来越多的经济学家所接受和认可。它不仅为宏观经济政策制定提供了重要的理论依据，也为后来的货币政策和财政政策研究开辟了新的思路。而简·丁伯根本人也因为这个法则的杰出贡献，在 1969 年获得了诺贝尔经济学奖。

在颁奖典礼上，简·丁伯根以他那特有的谦逊和幽默感，发表了自己的获奖感言。他说："我并不是什么魔法师，我只是一个喜欢思考、喜欢探索的经济学爱好者。但我很幸运，因为我找到了一个值得我倾注全部热情和智慧的问题——如何实现经济的稳定增长和可持续发展。而'丁伯根法则'，就是我对这个问题的回答。"

　　这段获奖感言，不仅展现了简·丁伯根对经济学事业的热爱和执着追求，也让我们看到了一个更加真实、更加接地气的经济学大师形象。

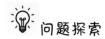 问题探索

　　简·丁伯根为什么被人们称为"经济侦探"？你能用自己的语言讲述一下"丁伯根法则"吗？

罗伯特·卢卡斯：精神的火焰永远向上

罗伯特·卢卡斯是经济学界的"时间旅行者"，因为他带领我们穿越时间，重新审视宏观经济学。他最著名的贡献之一是理性预期理论，这个理论告诉我们：不能简单地依赖过去的数据来预测未来，因为人们会根据政策和环境的变化调整他们的行为。他以这种方式动摇了凯恩斯主义模型中适应性预期的传统假设，并因此赢得了 1995 年的诺贝尔经济学奖。他的研究改变了我们理解经济周期、通货膨胀以及政府政策影响的方式，让宏观经济学变得更加动态且具有前瞻性。

215

生平简介及主要贡献

罗伯特·卢卡斯，美国经济学家，作为芝加哥经济学派的核心成员及芝加哥大学的知名教授，其学术生涯光芒四射。他是理性预期理论的领航者，该理论颠覆了传统宏观经济分析框架，强调经济主体依据所有可用信息做出理性预期，从而影响其行为选择，这一洞见深刻影响了对经济政策效果的解读。罗伯特·卢卡斯因在理性预期假说上的卓越贡献于 1995 年荣获诺贝尔经济学奖，此奖乃对他学术成就的最高肯定。

其理性预期理论不仅巩固了芝加哥学派的地位，更推动了整个经济学界的发展。罗伯特·卢卡斯与合作者在《不确定条件下的投资》中，通过构建模型分析了竞争性市场的投资决策，展现了理性预期在投资理论中的应用。而在增长理论上，他的《论经济发展机制》一文，不仅揭露了新古典增长模型的局限，还为新增长理论的兴起奠定了基石，提出了内生增长机制的创新视角。

罗伯特·卢卡斯的著作，如《理性预期与经济计量实践》《经济周期理论研究》等，不仅为经济周期理论和动态分析方法树立了新标准，也成为经济学教育和研究不可或缺的经典参考。他的学术探索，不仅是一场智慧的冒险，更是经济学理论不断创新与深化的旅程。

经济学家的故事

发掘自己的兴趣点

罗伯特·卢卡斯的故事，是一段关于激情、转变与自我发现的旅程。从小，他的心灵就被数学与科学的奥秘深深吸引，这份早熟的好奇心不仅是一种天赋，更预示着他未来将在学术领域中踏出非凡步伐。高中时代，他就已迫不及待地将理论付诸实践，通过解决父亲工作中的实际问题，他初露锋芒，展现了理论与现实结合的无限可能。

217

1955 年的转折点，是他人生轨迹上的一次重要偏离。虽然未能如愿以偿进入华盛顿大学工程系，但命运之手将他引向了芝加哥大学，这个充满挑战与机遇的新舞台。尽管被迫放弃成为工程师的理想，罗伯特·卢卡斯却在对自我深刻理解的基础上，勇敢地迈向了一个全新的方向——历史学。这一选择，看似是对现实的妥协，实则是他对自我认知的一次深化，展现了他不断探索、勇于调整航向的勇气。

在芝加哥大学，历史的深邃并未完全锁住他的心志，经济学的魅力悄然渗入，激发了他内心更深层次的热情。1959 年，他决定追随内心的召唤，踏上经济学的探索之路，即便这意味着要跨越重重障碍，包括回到芝加哥重新开始。这种不畏艰难、追求热爱的精神，正是成就伟大事业的基石。

在芝加哥正式开始学习之前，他选修了几门经济学专业课程，更重要的是，他阅读了保罗·萨缪尔森的名著《经济分析基础》。萨缪尔森的著作中充满了数学知识，一般人很难读懂。但对于自幼喜好数学的罗伯特·卢卡斯来说，这部书非常对他胃口。他不仅对书中的公式进行了仔细推导，还将萨缪尔森用数学工具研究经济的做法作为了自己的榜样。保罗·萨缪尔森的《经济分析基础》成了罗伯特·卢卡斯学术生涯中的重要里程碑，这本书不仅是知识的宝库，更是灵感的火花，点燃了他用数学语言解构经济世界的热情。萨缪尔森严谨的数学逻辑与罗伯特·卢卡斯深厚的数学根基完美融合，为他打开了经济学的新视界，让他坚信数学模型是通往经济真理的钥匙。

突破自我的学习长路

然而，与米尔顿·弗里德曼的相遇，给罗伯特·卢卡斯的学术之旅增添了几分波折与反思。米尔顿·弗里德曼的"价格理论"课程，以其独特的视角和分析方法，挑战了罗伯特·卢卡斯的认知框架。这门课讲授的内容便是后来人们熟知的微观经济学，但它摒弃了当时盛行的一般均衡方法，主要强调的是从马歇尔那里继承下来的局部均衡分析思路。米尔顿·弗里德曼是芝加哥学派的坚定支持者，因此这一传统在他那里体现得更加明显。罗伯特·卢卡斯承认米尔顿·弗里德曼的讲解非常出色，其教学内容给了他很大启发。不过，已经熟悉萨缪尔森分析思想的罗伯特·卢卡斯显然对米尔顿·弗里德曼的经济分析方法感到不适应。他很快意识到，自己永远无法像米尔顿·弗里德曼那样思维敏捷，他总是在思考如何将问题转化为数学模型，而米尔顿·弗里德曼则仅利用直觉和简单的图表就能分析清楚问题。此外，这门课的得分也打破了罗伯特·卢卡斯的优秀成绩纪录，这让他一点也高兴不起来。幸运的是，家族遗传给他的独立主见让他很快意识到，这只能说明米尔顿·弗里德曼的方法不适合他。他坚信只要他坚持自己认可的方法，最终一定能开辟属于自己的道路。

219

　　罗伯特·卢卡斯用自身经历告诉我们，每个人的学习之旅都是独一无二的，关键在于发现并追随内心的热爱，勇敢面对挑战，不断突破自我。学习不是简单复制他人的成功模式，而是在探索与实践中找寻最适合自己的路径。正如人类的知识边界广阔无垠，我们的学习之旅也应该充满探索未知的勇气与坚持自我价值实现的决心。罗伯特·卢卡斯的人生轨迹，正是对"学无止境，勇于探索"这一精神的最好诠释。

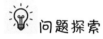 问题探索

　　罗伯特·卢卡斯的学习经历让我们知道：学习不是简单复制他人的成功模式，那么你有没有找到适合自己的学习模式呢？如果有，请分享一下。

托马斯·谢林: 睿智的"策略大师"

我们先来看一个"勇敢者游戏":在一条长长的、笔直的大道上,两辆汽车分别从两端出发,以飞快的速度面对面疾驰而来;此时,每辆车的车主一方面都希望不会发生两车直接碰撞以致车毁人亡的悲剧,但另一方面又都希望对方能先避让,以使自己获得"勇敢者"名声。如果当你面临这个游戏,你会怎么做?

对这一问题进行深入思考,并把它延伸到经济学、社会学、政治学等诸多领域的学者就是有着"策略魔术师"之称的托马斯·谢林教授。托马斯·谢林用他的智慧和洞见,在经济学、社会学乃至全球议题的大舞台上变出了一幕幕令人叹为观止的"思想魔术"。他的经典著作——《冲突的策略》就像是一本魔法书,里面藏着无数让人拍案叫绝的处理冲突的技巧和策略智慧……

生平简介及主要贡献

托马斯·谢林，这位跨越世纪的杰出智者，其生命之光永远镌刻于学术的璀璨星河之中。作为美国经济学与社会学界的璀璨明珠，他不仅是马里兰大学公共政策学院深受敬仰的教授，更是外交事务、国家安全、核策略与武器控制等高端领域的领航者。

托马斯·谢林教授的学术脉络，深植于数理社会学巨匠詹姆斯·萨穆尔·科尔曼的智慧土壤，托马斯·谢林教授巧妙地将博弈论的精妙逻辑融入对冲突与合作本质的深刻剖析之中，这一创举不仅拓宽了学术视野，更为人类社会理解复杂互动模式提供了全新的视角。因此，他与罗伯特·奥曼并肩荣获了 2005 年诺贝尔经济学奖，这一荣誉是对其卓越贡献的最高赞誉。

在学术殿堂中，托马斯·谢林教授的地位无可撼动，他是美国科学院、美国艺术与科学学院两院院士的荣耀加冕者，同时也是美国经济学会杰出会士的典范。在其职业生涯中，托马斯·谢林教授于 1991 年荣任美国经济学会主席，引领学界风潮；1995 年，他再担重任，出任东部经济学会主席，以非凡的领导力与深邃的洞察力，推动了经济学界的繁荣与发展。

经济学家的故事

冲突与合作

在学术界的浩瀚星空中，托马斯·谢林的名字如同一颗璀璨的星辰，不仅因其深邃的学术造诣而熠熠生辉，更因他那些充满智慧与幽默的小故事而为人津津乐道。

20世纪60年代初，那时的托马斯·谢林已经是哈佛大学和马里兰大学公认的学术明星，他的战略威慑理论正在全球范围内引起轰动。然而，这位大师级人物在日常生活中却展现出了与众不同的一面——他善于用简单而生动的例子，将复杂的学术概念变得通俗易懂，甚至充满乐趣。

有一天，托马斯·谢林受邀到一所高中进行一场关于"冲突与合作"的讲座。面对着一群对未来充满好奇却对高深理论略感畏惧的年轻人，托马斯·谢林没有直接跳入复杂的数学模型和理论框架，而是选择了一个看似平凡却又意味深长的故事作为开场。

"想象一下，"托马斯·谢林缓缓说道，"你们正站在一个巨大的操场上，周围是你们的同学，每个人都手持一个气球。这个气球代表着你们各自的目标、梦想或是想要守护的东西。现在，游戏规则是这样的：每个人都要努力

223

让自己的气球飞得更高，但同时，也要小心不要让它碰到别人的气球，因为一旦相碰，两个气球都会爆炸。"

学生们听得入神，他们开始想象自己手中的气球，以及如何在不触碰他人的同时，让它飞得更高。托马斯·谢林见状，微微一笑，继续说道："这就是生活中的冲突与合作。我们每个人都在追求自己的目标，但在这个过程中，难免会遇到与他人的竞争和冲突。然而，如果我们能够学会理解对方的立场，找到一种方式，让彼此的气球都能安全地飞向天空，那么，我们就实现了真正的合作。"

为了加深学生们的理解，托马斯·谢林还设计了一个小游戏。他让学生们分组，每组手持一根细长的竹竿，竹竿的顶端绑着一个轻巧的圆环。游戏的目标是，在不触碰对方竹竿的情况下，将圆环穿过对方竹竿上的一个小洞。起初，学生们都显得有些手忙脚乱，但很快，他们就发现，只有通过沟通、协调，以及默契地配合，才能成功完成任务。

当游戏结束时，托马斯·谢林站在讲台上，望着一张张兴奋而满足的脸庞，他语重心长地说："你们看，这就是战略威慑的精髓所在。它不仅是一种对抗的策略，更是一种智慧的体现。当我们面对冲突时，不是一味地强硬或退让，而是要找到一种方式，让对方明白我们的决心和底线，同时，也给予对方足够的空间去做出理性的选择。这样，我们才能在保护自己的同时，也尊重他人，最终实现共赢。"

战略与智慧

进入马里兰大学公共政策学院的官方网站，最引人注目的便是那庄重而持久的"纪念谢林"专栏，它犹如一座灯塔，引领着学者向这位巨擘致敬。专栏首语以非凡的笔触镌刻着："世间罕有，能如谢林般，在真实世界的广袤与公共政策的深邃间，留下如此不可磨灭的印记！"此评价精准概括了托马斯·谢林辉煌的学术生涯。

托马斯·谢林在美国国防部、参谋长联席会议及兰德公司的辉煌履历中，孕育了战略威慑理论的璀璨之花。这一理论如同博弈论中的精密算法，揭示了冲突中微妙的心理博弈——"勇敢者游戏"的现实版：两车飞驰，非勇者胜，而是智者让。托马斯·谢林深刻洞察，在这场没有硝烟的较量中，真正的胜利者是那位能以绝对信念宣告"我绝不退让"的智者，其威慑之力，足以让对手在权衡利弊后，选择退避三舍。

225

托马斯·谢林的战略威慑理论，如同一条隐形的纽带，紧密连接着美国的外交政策与军事策略，尤其在冷战的阴霾下，更显其独特价值。古巴导弹危机，这一历史的转折点，正是谢林智慧与勇气的舞台。他，作为危机处理的核心智囊，以"不惜一切代价"的坚定承诺，配合公开透明的信息传播策略，构筑了一座不可逾越的心理防线。这不仅是一场外交的胜利，更是战略威慑理论实践的光辉典范，证明了在极端对立中，智慧与决心如何引领世界走向和平。

此外，托马斯·谢林还以其独特的视角介入全球变暖这一时代议题，将二战后马歇尔计划的实战经验融入思考，提出了一针见血的见解：应对全球变暖，本质上是一场复杂的议价挑战。他深刻指出，若全球携手减少温室气体排放，其益处将主要由贫困国家享受，而成本的重担则多由富裕国家承担。这一观点，不仅展现了托马斯·谢林跨越学科的深邃思考，也为我们应对全球性挑战提供了宝贵的启示与思路。

 问题探索

你理解了"合作与冲突"吗？能否举出一个生活中的例子？